La Carta Costituzionale Italiana

Giuseppe De Leo

© 2014 Irda Edizioni

Lulu Press
3101 Hillsborough St.
Raleigh, NC 27607 | U.S.A.

ISBN:
Info: www.irdaedizioni.it

Ordini:
www.amazon.com
www.amazon.it
www.lulu.com

Copertina: realizzata da Cristian Verdesca
Direttore editoriale: Francesco Luca Santo

Carissimi nipoti e pronipoti,

voglio spiegarvi che cos'è la Carta costituzionale. Adesso, non capirete ma, fra cinque dieci anni, sì, e vi potrà essere utile.

I nonni *pensano di lasciare qualcosa di sostanzioso ai loro nipoti. Io non ho sostanze, vi ho dato già un quarto e un ottavo dei miei geni. Ora, vi lascio le mie idee. Fatele girare se* **Vi** *convincono.* **Aggiungete** *le vostre, datevi da fare in modo che, al più presto si affermino. Voi mi chiederete perchè non mi sono rivolto* **ai vostri genitori**, *ai vostri nonni. Perché, per cambiare le cose,* **ai ritmi** *di oggi, occorreranno degli anni e loro non faranno in tempo a vedere i risultati del loro impegno, nemmeno con tutta la loro buona volontà. Mi rivolgo a* **Voi** *perchè Voi andate di corsa, voi pretendete le cose "Oggi e non Domani", e riuscirete ad imporre i vostri ritmi al* **vecchiume dilagante.** *E non parlo di età, naturalmente, perché anche i miei anni non sono pochi, ma mi riferisco* **alle mentalità arrugginite**, *ferme alle parate, ai numeri delle poltrone, ai baldacchini, allo stile barocco che andava bene nel* **600**, *non oggi! Io, al massimo, posso sperare che il mio* **genoma** *possa servire alla Scienza per il bene dell'Umanità. Vi dico subito che, purtroppo,* **le regole** *non sono* *uguali per tutti, i diritti pure, e che c'è sempre chi pretende dei privilegi. Nessuno può e deve averne. Scrivetelo sulla Costituzione che correggerete al più presto.*

La cosa più grave è che sono gli stessi Capi a non osservare le regole, proprio coloro che dovrebbero dare l'esempio, **proprio Loro***!*

Le leggi esistenti non vengono osservate da chi le ha scritte e **sproloquia** *sulla necessità di osservarle!*

Da grandi, sentirete parlare **dei Referendum***. Vi voglio solo dire che sono l'unico mezzo che i* **Cittadini** *hanno di fare una legge. E' stato riconosciuto loro questo diritto, però, è rimasto anch'esso sulla Carta!*

Ci sono stati due referendum ben precisi: uno sulla **responsabilità civile dei Giudici** *e l'altro sul* **finanziamento pubblico dei Partiti***. I Cittadini hanno votato e stabilito che* **anche i giudici dovevano pagare per i loro** *errori e che i partiti* **non dovevano ricevere mai più soldi pubblici per le loro spese e sprechi** *eventuali. Volete sapere cosa è successo?*

Questi referendum non sono diventati leggi dello Stato **e** *quel che è peggio è che i Soloni, ed i Garanti che aprono bocca quando gli toccano le loro prerogative, non* **hanno fatto niente.**
Ricordate **quanto vi dico** *per i vostri anni futuri.*
Si tratta di un decalogo, una serie di valori da tenere presente e che costituiscono la moralità di un Laico. *Fate che sia studiato nelle classi elementari come un catechismo, un faro di guida per tutta l'esistenza.*
1° Il Cittadino *è colui che compie i suoi doveri. Studia come Voi e poi continua o va ad imparare qualche mestiere, dopo aver frequentato la scuola obbligatoria. Da adulto, svolge un lavoro, una professione o arte come quella di tutti i papà e le mamme,* **se** *lavorano pure loro. Mette al mondo dei figli o ne adotta qualcuno, li assiste, li alleva, li ama e li protegge. Pretende il rispetto puntuale dei suoi diritti da parte delle Istituzioni e soprattutto,* **non fa affidamento** *su* **Nessun Altro** *che non sia lui stesso e, quando è piccolo come Voi, solo sulla* **sua famiglia.**

*2° **I diritti** del Cittadino **finiscono** là dove **cominciano** i diritti di un altro Cittadino come Voi o di altra razza, religione, sesso, lingua o provenienza.*

*3° **Lo Stato** non può fare delle leggi che impongano al Cittadino **scelte morali** che **non** condivide, idee religiose, opinioni che non sono le **Sue**!*

La coscienza** di ciascun **Cittadino è invalicabile. Ogni legge** esistente o futura contraria a questo Principio, non ha alcun valore, **è nulla.

*4° **L'unico detentore di un qualunque potere è il Cittadino.***

Questo lo diceva egregiamente il dott. Alberto Bertuzzi nel suo libro: "Scusate signori del Palazzo".

*Chi ci governa, a qualsiasi livello Egli sia, **esplica** solo delle **Funzioni** che **cessano** nel momento stesso in cui finisce il mandato ricevuto dai suoi elettori. Ogni carica degli Organi dello Stato che decidono della vita dei Cittadini, compresi i Giudici, deve essere **elettiva**.*

5° *Nessuno può vantare privilegi o prerogative che non ha il Cittadino comune.*

Gli assegni, gli stipendi, le indennità per le alte cariche dello Stato, **nessuna esclusa**, vengono stabilite dai Cittadini al momento delle loro elezioni.

6° Nessuna legge o delibera delle Istituzioni dello Stato *può prevedere spese che non siano "coperte" in anticipo. In caso contrario, le spese devono essere sostenute da chi le ha deliberate.*

7° *Le leggi non possono prevedere tasse che* **superino il 30%** *del reddito dei Cittadini normali: (operai, pensionati, impiegati, dipendenti statali, insegnanti, professori il cui reddito* **netto** *non superi i* **50** *mila euro. Per redditi <u>superiori</u>, si può arrivare fino al* **40 %**, <u>*non di più*</u>.

8° *In una moderna democrazia, non possono esserci né evasori, né furbetti pronti ad eludere. La* **legge deve** *stabilire forme adeguate di* **prevenzione** *e* **controlli** *che impediscano di fatto che a pagare siano sempre i soliti* **Cittadini onesti.** *Meglio onesti che ladri, cari nipoti, ma* **i ladri vanno presi!**

9° ***Chi, per sua scelta, si dedica alla ricerca scientifica,*** *in tutti i campi del sapere, e ne ha le capacità, deve essere* **aiutato** *in tutti modi, deve essere* **esaltato** *e* **stipendiato** *adeguatamente.*

10° ***La Costituzione italiana deve essere aggiornata, corretta, ridiscussa, almeno ogni venti anni, dai Cittadini.***

Dopo **66** *anni, le persone cambiano, si rinnovano anche fisicamente; i loro tessuti, le loro cellule non sono più quelli di prima. Le carte, le cose, le norme restano lì sempre uguali, immutabili. Possono mai funzionare su persone che hanno comportamenti, opinioni, concezioni religiose, stili di vita diversi da quelli di dieci, venti anni prima? Le regole, devono adattarsi ai Cittadini, non i Cittadini alle regole!*

Mi viene da pensare al cosiddetto giuramento di Ippocrate fatto leggere ancora **oggi** *ai neolaureati in Medicina e Chirurgia, in Italia! Che valore può avere?* **Come può** *impegnare i medici e i chirurghi del 2014 e degli anni futuri a non operare le calcolosi, a non fare incisioni, a non fornire pessari abortivi? Nessuno! E perché si continua a "giurare" su Apollo e su tutti gli Dei e le*

Dee dell'antica Grecia che queste cose, banali ed importanti per la Medicina non si faranno? E la libertà di **chi non crede agli dei? Di chi non ci ha mai creduto?** Perché questo succede? Perché **lo dicono gli Ordini** dei Medici? Perché si è fatto sempre così? E il **neolaureato, proprio colui che giura o spergiura, non conta niente?**

Si può condividere l'altra parte del giuramento che parla del segreto professionale, del rispetto che si deve al malato ed ai Maestri veri, quelli che ti insegnano l'arte medica.

Ma perchè non si rinnova anche quella carta? Perché? Perché si fa giurare sul nulla?

La Carta costituzionale, definita dai giuristi "programmatica" è stata affidata ai Partiti **senza alcuna garanzia** per i Cittadini. Nessuno ha mai notato che è stata scritta da persone appartenenti **ai Partiti** che, per definizione, sono di parte, non vedono l'interesse generale se non dopo il **loro** interesse particolare. Altri erano dei Cattolici, partigiani della Chiesa cattolica e delle **sue** regole, anch'essi di parte!

Non solo. E' stata scritta ed approvata da **536 uomini** *su un totale di 556 persone.* **Solo venti erano le donne** *ed anche loro erano* **membri** *attivi* **dei Partiti***! Insomma, una legge fondamentale per la vita dei Cittadini* **scritta** *a tavolino* **da una parte esigua della popolazione italiana!**

Non può essere "rigida" ma aperta ad ogni modifica e ad ogni miglioramento dato che **non è perfetta** *né infallibile.*

Quella che avete letto, è **la mia eredità** *in* **dieci** *punti.*

Non fa parte della "Carta Costituzionale" ma lo dovrebbe.

Troppe cose non vi sono scritte. Infatti, la **Carta:**

A) non nomina mai i pensionati e dovrebbe garantire loro almeno tre pasti caldi al giorno,

B) non dice che se uno ci rappresenta in qualcosa, Noi non perdiamo mai i nostri diritti e restiamo titolari,

C) non dice che chi non fa la dichiarazione dei redditi non ha diritto di votare né di essere eletto,

D) non dice che chiunque, tra i Capi, osasse fare qualcosa che non è prevista dalla Costituzione, deve dimettersi, se non vuole **marcire in galera,**

E) non dice che i giudici devono valutare la **Sostanza** *e non la* **Forma** *di una legge.* **Sempre.**

Stando così le cose, io **Vi** *suggerisco di cambiare la Carta Costituzionale in questo modo.*

All'art.1 si dichiara che "l'Italia è una Repubblica"

*Lo hanno scritto allora e c'è stato il voto popolare. Ma oggi, da quel che leggo sul volume "***Casta***" dei Sigg. Rizzo-Stella,* **il nostro presidente della Repubblica** *spende e spreca più della regina Elisabetta di Inghilterra. Questa cosa, oltre che indignarmi, mi fa venire una gran voglia di* **Monarchia.**

Voglio una **Monarchia eletta dal popolo e voglio un Monarca assoluto che decida per Tutti e obblighi Tutti ad accettare le regole che cambiano davvero l'Italia.**

In una società, i cambiamenti sono molto lenti e, se succedono, è perché poche persone, dei precursori, dei geni o dei saggi, li propongono e li rendono degni di approvazione da parte di tutti. Purtroppo, in un regime democratico, dove si agitano migliaia di opinioni, migliaia di interessi e milioni di chiacchiere inconcludenti, ciò non può succedere. Urge il provvedimento o l'ordine di un Re **eletto dal Popolo.**

V oglio la **Monarchia ma** *la Carta Costituzionale mi dice che non posso averla. Sta scritto all'art.* **139:**

"La forma repubblicana non può essere oggetto di revisione costituzionale". Perché? Lo hanno stabilito loro non solo per conto mio, ma per i miei figli, i miei nipoti, pronipoti, insomma, per conto e **in nome Vostro, non solo per qualche anno, ma per sempre, per l'eternità! E con quale diritto?**

Torniamo all'art. 1

"E' una Repubblica democratica fondata sul lavoro **"Non va bene affatto.** *Bisognava* **scrivere:"** **sul lavoro garantito a Tutti" Ovviamente, a Tutti quelli che hanno voglia di lavorare.**

"La sovranità appartiene al Popolo che la esercita nelle forme e nei limiti della Costituzione" *Prendete un vocabolario e leggete cosa significa* **sovrano.**

Sovrano è colui che ha potere, dignità e diritti che non dipendono da "altro potere". E' colui che ha la

sovranità piena e totale e la esercita senza alcun limite".

E allora, perché sono stati posti subito dei limiti?

La sovranità del popolo dipende sempre da altri: la Corte Costituzionale, la magistratura, il parlamento, i partiti, le banche e il potere economico in genere, i vari governatori, i vari presidenti, i vari direttori, i sindaci, i capi ufficio etc...

I Cittadini potevano dimostrare la loro sovranità con i referendum. Li hanno vinti, ma nemmeno questo è bastato. **Nessun** *giudice ha rilevato il fatto che le decisioni del popolo* **non sono state applicate** *e che qualcuno ha commesso una violazione della Carta Costituzionale.*

Sappiate cari nipoti, che per arrivare ai referendum, bisogna superare parecchi ostacoli: la raccolta delle firme, il controllo sulla loro regolarità ed esattezza, la decisione della Corte suprema sulla sua ammissibilità. Poi, ci devono essere delle condizioni particolari sulle date dei referendum, sul numero dei partecipanti, sui voti validi, il quorum. Ostacoli ed ostacoli, sempre più nuovi sulla strada della sovranità popolare! **La palla al piede delle regole inutili.**

Ti trovi in difficoltà con i pagamenti? Il giudice ti fa il pignoramento della casa o della pensione. Non ti chiama o non viene da te a chiederti quali siano i tuoi problemi, se ci siano delle vie diverse per risolvere il tuo problema, no! Siccome il tribunale ha accolto la richiesta dell'avvocato del tuo creditore, lui deve solo stabilire quanto possa prelevare dal tuo stipendio o dalla tua pensione. E' una cosa automatica. Lui non può fare altro. Ma il tribunale poteva o non poteva interpellare il cittadino? Sì, ma non lo ha fatto. Eppure, avrebbe potuto, avrebbe dovuto se la legge "imponeva" il rispetto per il Cittadino e limitava le conseguenze dannose delle decisioni di Altri sulla sua vita.

Ti assale un balordo con una mazza o un coltello o per derubarti o per dartele di santa ragione, tu ti difendi, lo ammazzi, vieni iscritto nel libro degli indagati o vieni condotto in galera. Se il Cittadino era importante per la legge e per la Carta Costituzionale, veniva ascoltato. Si constatava che non era un pazzo, che era stato costretto a difendersi per non perdere la vita sua o dei suoi familiari e non si dava inizio a nessun calvario per lui e la sua famiglia. Doveva bastare l'avvenuta gratuita aggressione per assolverlo. Cos'è questa storia del **fatto dovuto**? Che significa? Che non si poteva indagare prima di scrivere ordinanze o di emettere sentenze? E **perchè**, se non ci sono gli estremi di un **reato**, si indaga, si aprono i fascicoli, si chiacchiera, **si gioca** con la vita di un Cittadino?

Servono prove, indizi gravi, importanti, fatti concreti o teorie e fantasie? Ti uccidono una figlia, ti mandano all'ospedale perchè quella gente ha agito sotto effetto di alcool o di droga, a loro li scusano o li perdonano, a Te dicono che non hai saputo "calibrare la reazione" o ti sei difeso troppo! Li trattano o no, meglio del comune Cittadino?

E perché, per qualunque chiamata da parte del giudice, **devi** subito andare a **pagare** un avvocato e non puoi rivolgerti direttamente a lui? Forse che lui non sta **lì** per le necessità dei Cittadini? Forse che non **tocca a Lui** aiutare i Cittadini a liberarsi da inutili zavorre e incombenze?

I giudici emettono sentenze in nome del popolo, ma sono **irresponsabili**, non pagano per i loro errori ed hanno troppi poteri! Ebbene, nella nuova Costituzione, deve essere riconosciuto *qualche* potere ai Cittadini e a nessun altro! La Carta dice che solo il Popolo è sovrano. Tutti gli altri, Tutti, devono garantire i suoi diritti. **Così non è**, tanto è vero che si è formata una lunga scia di privilegiati che va dai magistrati, ai deputati, dai presidenti di ogni genere, ai sindacalisti, direttori, managers, etc. che non pagano nulla per la loro incompetenza ed accumulano nuovi privilegi e nuove indennità. Solo il "Cittadino sovrano" paga, per qualsiasi errore, anche di forma!

Il cittadino vuole un lavoro? Deve lottare per averlo e pochi riescono ad ottenerlo. Ha diritto ad un'assistenza sanitaria ma c'è chi ruba e s'ingrassa a spese sue; costruisce una casa, ma invece di considerarlo un eroe, gliela tartassano; ha delle idee e opinioni religiose sue e gli **impongono** quelle che non condivide; vuole divorziare, ma deve attendere dei tempi lunghissimi perchè così hanno deciso persone che **non c'entrano niente** con le sue decisioni; il Cittadino non è colpevole fino a condanna definitiva e lo dimenticano in carcere, violano i suoi diritti e gli procurano danni fisici e morali! Quanto tempo ci vuole ancora per capire che il Popolo, il **Cittadino**, in questa repubblica, non conta un accidenti!

Deve pagare delle tasse, deve chiedere dei certificati, deve rinnovare dei passaporti? Hanno mai saputo cosa deve sopportare il Cittadino per adempiere a queste incombenze? Deve usare dei treni, dei mezzi pubblici? Quali certezze ha di mantenere i suoi impegni?

Troppe leggi lo vincolano, lo asfissiano, **non** *lo proteggono.*

Troppe delibere lo derubano. Facciamo l'esempio delle **multe** *per sosta vietata* **deliberate dai Comuni italiani.** *Un Cittadino passa dal loro paese, si ferma un attimo per acquistare un giornale, per andare in Farmacia, per mangiare un boccone, prendere un caffè. Non ci sono parcheggi nelle vicinanze o posti auto idonei vicino ai monumenti o ai Musei da visitare. Scattano le multe: un vero salasso:* 100, 130, 150 *Euro, mica dei bruscolini! Ma si rendono conto del valore del denaro? Hanno idea di quanto lavoro ci voglia per guadagnare una somma simile? Ma dove hanno la testa, questi signori? E poi, con quale faccia tosta possono fare previsioni di bilancio sui* **probabili introiti per multe?**

Mentre loro, continuano a sprecare denaro pubblico, continuano a **non** *risparmiare un euro per spese inutili e improduttive o per indennità che* **nessuno di loro merita!**

In poche parole, **nella Carta non ci sono tutele** *per il Cittadino sovrano e* **ci debbono essere.** *Voi, cari nipoti, dovete ottenere ogni tutela con una legge del Parlamento o con un referendum.*

Democraticamente, il cittadino esprime il suo voto, **elegge dei rappresentanti e subito conta meno di loro.** *Non solo, era convinto che quei signori facessero i* **suoi** *interessi, ma si accorge invece che arraffano e sperperano senza freni per fare i* **loro** *interessi, non i suoi!*

E tu? Non puoi farci niente. Se ti rivolgi ai magistrati, ti diranno che non ci sono elementi per indagare, per dire che ti hanno derubato, no, perché quei soldi li hanno tolti a tutti, non a te solo! Oppure che non si è mai fatto! **Non c'è la prassi.** *Gli eletti si sono via via ritagliati spazi di libertà, diritti sotto forma di privilegi, stipendi ed indennità varie, concessioni di vantaggi che i Cittadini non hanno mai avuto, agevolazioni di ogni tipo e tu, Cittadino, sei costretto a guardare. E pensare che, quando* *qualcuno ci rappresenta in qualcosa, ad esempio, l'avvocato, il notaio, un amico, Noi restiamo sempre i titolari,* **non perdiamo alcun diritto,** *possiamo sempre decidere di agire diversamente, di togliere la delega, di non farci più rappresentare. Nel caso dei Partiti e degli eletti nei partiti, Noi dobbiamo* **aspettare** *che finisca la legislatura! D'altra parte però, Noi,* **dovremmo rimboccarci** *le maniche e non attendere la manna dal Cielo!* **Sempre.**

Occorre reagire, occorre organizzarsi, è necessario protestare. Il **Cittadino** *non deve accettare la carità, i favori, le mance, ma* **deve pretendere** *il rispetto dei suoi* **diritti,** *facendo il proprio* **dovere.** *Se il* **Sud** *non decolla, sono i* **meridionali** *che debbono farlo decollare, con la loro intelligenza e le loro capacità. Se i Ladri imperversano, sono i Cittadini che devono* **imporre** *allo Stato di renderli inoffensivi. La povertà non ha mai fatto sparire dai Poveri la dignità, la coscienza civica, l'orgoglio di essere Cittadini sovrani e non sudditi!*

Se si chiedono leggi contro i Corrotti, bisogna per primi stare lontani chilometri e chilometri dalla corruzione, e se si vogliono le riforme, dobbiamo essere Noi per primi pronti ad accettarle. Le idee del Sig. Bertuzzi esistono già dagli anni 70-80, ma Noi, in Ciociaria, non le abbiamo mai discusse. **Io,** *per primo, avevo altre cose cui pensare.*

Il lavoro, la famiglia, i figli con tutti i loro problemi, la costruzione di una casa, il pagamento dei costruttori, dei mobilieri, dei fornitori, la Bucalossi, l'Enel, il gas, l'Acea, il telefono, i libri, gli strumenti musicali, l'abbigliamento, il cibo, la soluzione dei problemi quotidiani. Non restava mai tempo per lottare per i diritti negati e la sera, ero sfinito. Anche a Voi sarà successa una cosa simile. Perché non ammetterlo?

Art.2 "La Repubblica **riconosce e garantisce i diritti inviolabili dell'uomo"**

Ci domandiamo: **Quando lo fa e come li garantisce?**

Pensano forse che basti elencare questi diritti, anche in dettaglio, in diversi articoli di questa "legge fondamentale dello Stato"? Per Noi cittadini, non basta! Sono i fatti a parlare! **Abbiamo meno diritti effettivi** *di tantissimi paesi sviluppati. Contiamo meno degli Svizzeri, degli Americani, dei Francesi, Tedeschi ed Inglesi, di tutte le Nazioni del Nord Europa e di altre in via di sviluppo ma* **lo Stato ci richiede"** *l'adempimento dei doveri* inderogabili di solidarietà politica, economica e sociale".

Stranamente, i Costituenti non spiegano in che cosa consista la **solidarietà politica**, dato che quella sociale ed economica si comprendono facilmente.

Significa forse che bisognerebbe **essere solidali** con una classe dirigente corrotta, incapace e sprecona al punto da ridurci in miseria, mentre Lei **si auto protegge** con stipendi scandalosi e con privilegi garantiti **con leggi e leggine**, quindi, **per loro**, nella più assoluta "legalità"?

Bastano forse queste "leggi" a rendere legali i soprusi nei confronti dei Cittadini? Tutti capiscono che **non è così!**

Art.3 "Tutti i Cittadini hanno **pari dignità sociale** e sono **eguali** davanti alla legge"

Che significa "dignità sociale"? Chi la stabilisce?

Si vuol fare riferimento al decoro, alla rispettabilità, ad ipotetiche chiacchiere che non significano niente? Esiste qualche sanzione per **chi** non la garantisce?

E che significa eguaglianza se non c'è stata mai dal 1948 in poi? Ci sono dei signori che conoscono il significato delle *parole privilegi e prerogative e sono coloro che li "sfoggiano impunemente" pur sapendo che sono dei vantaggi che i Cittadini non hanno, sono dei* **regali, delle mance** *che la Costituzione non prevede per nessuno!*

Solo per il capo dello Stato, all'art. 84 si parla di assegno e dotazione ma non si dice che devono essere maggiori di quelli di un Re, né che devono costare sacrifici per le casse dello Stato e quindi dei Cittadini.

Ci sono poi altri articoli, il **59, il 73, 74, l'83, 85, 86, 87, 88, 89, il 90 e 91** *in cui si parla di cose che può fare e di* **compiti** *che deve svolgere ma di cui io propongo* **l'abolizione.**

"La repubblica rimuove gli ostacoli di ordine economico e sociale che, limitando di fatto **la libertà e l'eguaglianza dei Cittadini, impediscono il pieno sviluppo della persona umana e l'effettiva partecipazione di tutti i lavoratori all'organizzazione economica e sociale del Paese"**

A parte il fatto che nello stesso comma, si parla prima di Cittadini e poi di Lavoratori, nessuno ci ha spiegato e ci spiega se, come e quando la Repubblica *rimuove gli ostacoli. Inoltre, non ci dice perchè coloro che non lavorano dovrebbero essere esclusi dalla possibilità di partecipare all'organizzazione economica o sociale del Paese!*

In definitiva, dato che non si parla mai di privilegi e di particolari vantaggi per nessuno, tutto ciò deve essere ribadito nella Carta.

Dovete riuscirci Voi, miei cari nipoti e pronipoti!

Chi **serve** lo Stato, deve sentirsi **onorato di farlo e deve** farlo con umiltà, competenza e senza **prosopopea!**

Con l'art.4, "la Repubblica riconosce a Tutti i Cittadini, il **diritto al lavoro** e promuove le condizioni che rendano effettivo questo diritto" Non si dice **come** e non si specifica mai **a chi deve essere imputata l'inosservanza di questo articolo.** In altri termini, **chi** dovrebbe pagare se un Cittadino che ne ha il diritto, non riesce ad ottenere un lavoro!

Che senso ha ribadire "che il Cittadino ha il dovere di svolgere un'attività o una funzione che concorra al progresso materiale o spirituale della società" se nessuno gli garantisce il diritto al lavoro *mentre le Istituzioni hanno e continuano a procurarsi privilegi, indennità e agevolazioni che sono il contrario dei diritti?*

Che significato può avere in uno Stato laico, **dissertare di progresso spirituale** *della società? Se la Repubblica usa l'aggettivo "spirituale", deve spiegarlo anche a chi non ha mai creduto né crederà agli spiriti e alle divinità, che, fra l'altro, non sono previsti da nessun articolo della nostra Costituzione ma che appartengono alla categoria delle "credenze e fisime" degli uomini di ogni parte del mondo.*

Si sa che **la gente** *spesso* **fa confusione** *di termini al punto da considerare* **"spirituale e divino"** *il pensiero, le idee, la creatività* **che non sono altro che** *la normale attività del cervello umano e molte cose entrano nella nostra vita anche solo per tradizione, per abitudine, per caso!*

Art.5 "La repubblica riconosce e promuove le **autonomie locali.** *Attua nei servizi, il più ampio decentramento amministrativo. Adegua i principi ed i metodi della sua legislazione alle esigenze dell'autonomia e del decentramento." Nonostante le frasi ad effetto, non si ha il coraggio di fissare dei paletti. Se va bene* **l'affidamento ad** *organi periferici dello*

Stato **le competenze** *degli Organi centrali, si deve però aggiungere che* **non debbono costare** *di più,* **non devono essere peggiori** *di quelle che forniva lo Stato e che urge prevedere* **controlli e persone responsabili.** *Si deve specificare a cosa si va incontro in caso di fallimenti o di colpe o di errori!*

La facoltà di autogoverno poi, non significa considerarsi **liberi** *di* **strafare** *come è accaduto in tutti questi anni, no! Non significa autorizzare gli sperperi, gli sprechi, le ruberie travestite da indennità, gettoni di presenza, rimborsi vari, no! Purtroppo, é mancata l'efficienza e la tempestività dei servizi, la risposta alle esigenze ed alle necessità dei Cittadini, specie indigenti. C'è stata invece la lesione continua dei loro diritti. Lo Stato è dovuto intervenire a* **ripianare i bilanci perennemente in rosso** *tranne qualche rara eccezione, e non si é mai dato spazio "al merito".*

Art.6 "La repubblica tutela le **minoranze linguistiche"** *Ci sono stati dei* **controlli** *affinché esse operino nella legalità o si sono trasformate in altrettanti Enti autonomi* **liberi** *di fare e disfare* **ai danni** *dei Cittadini italiani?*

*Art. 7 "Lo Stato e la Chiesa cattolica sono, ciascuno nel proprio ordine, **indipendenti e sovrani**!"* Chi ha mai dubitato che la Francia, la Svizzera, lo stato del Vaticano, sede della Chiesa cattolica, siano indipendenti e sovrani a casa loro? E perché c'è stato bisogno di un articolo specifico nella nostra Costituzione? A **che** e a **Chi** serviva?

"I loro rapporti sono regolati dai Patti Lateranensi. **Le modificazioni dei Patti**, *accettate dalle due parti, non richiedono procedimento di revisione costituzionale!"* Immaginiamo per un attimo che un giorno il Popolo italiano e Sovrano decidesse che quei patti non gli sembrano limpidi oppure che gli **costano troppo**, pensate Voi che possa essere libero di modificarli nonostante e a dispetto delle parole?

Lo stesso trattamento, però, non è riservato" **alle confessioni religiose diverse dalla** *Cattolica"* perchè di loro non si dice che *"ciascuno nel proprio ordine sono indipendenti e sovrani".*

Infatti, all'art. **8** *si afferma che* **tutte** *le confessioni religiose sono egualmente libere davanti alla legge ma tutti sanno che* **non sono uguali, no**...*non tanto!*

C'era già l'articolo 3 che garantiva le persone di qualunque fede religiosa.

Chi e perché, ha imposto la stesura di altri due articoli in un documento che **garantisce** *la laicità dello Stato? Di uno Stato, cioè, indipendente e sovrano? Siamo* **ancora** *in attesa di una risposta, dopo* **66** *anni.*

Purtroppo, i cattolici sono quelli che non osservano od ostacolano le leggi che contrastano con **la loro dottrina** *e diventano obiettori di coscienza pur operando in uno Stato laico e pretendono di imporre a chi non pratica il loro credo, il loro modo di vedere, le* **loro** *"verità". Non si accontentano di non essere costretti ad abortire se non lo vogliono, a divorziare se stanno bene con la loro donna, a non servirsi della procreazione assistita,* **no***, ma vogliono e* **vorrebbero imporre ai non cattolici** *che hanno ottenuto delle leggi* **a favore** *del loro modo di considerare la vita e la* **loro** *morale* **a non servirsi** *di quelle leggi. In tutti i modi, si danno da fare per cancellare le leggi che a* **loro** *non vanno bene, in casa degli altri: lo Stato* **laico** *italiano!*

Incredibile! I **non** *cattolici sono convinti che siano necessarie le ricerche sugli embrioni umani, i* **cattolici***, no. I non cattolici* *vogliono utilizzare tutti gli embrioni umani a disposizione,* **loro** *vogliono imporre ai non cattolici di usarne due, tre, quattro: quelli che vogliono* **loro.** *Ci sono anche riusciti!* **Comandano loro in casa nostra!**

Art. **9** *"La Repubblica promuove la cultura, la ricerca scientifica e tecnica. Tutela il paesaggio ed il patrimonio storico ed artistico della Nazione"*

Falso: Il territorio italiano frana, i reperti archeologici cadono a pezzi, il paesaggio è deturpato per colpa di quelle Istituzioni che lo hanno consentito senza pagare alcuna penale. Accadono sciagure che causano la morte di tanti innocenti e vengono arrestati e **condannati gli ingegneri e gli architetti non coloro che non hanno controllato** *o che* **hanno dato le autorizzazioni.** *La Carta non prevede sanzioni per le colpe di Regioni, Province e Comuni e pagano solo i Cittadini per le alluvioni, i terremoti, i temporali e le bombe d'acqua che accadono all'improvviso Con tutte le ruberie, più o meno legalizzate che ci sono state, si sarebbe potuto mettere in sicurezza l'intero territorio italiano!*

Art. 10 "*L'ordinamento giuridico italiano si conforma alle norme del diritto internazionale che regolano la condizione giuridica dello* **straniero***. Costui ha diritto di asilo nel nostro territorio se nel suo paese gli si impedisce l'esercizio delle libertà democratiche che la nostra Costituzione garantisce.*" *Qualcuno* **ha posto dei limiti, delle condizioni a questi diritti?**
Si dice pure che "lo straniero non può essere estradato se ha commesso reati politici"
Ma come? L'attentato, anche non riuscito, ad un capo di governo di idee diverse dallo straniero, non è un reato politico? Per me, sì. E non deve essere perseguito? Per me, sì. Può esserci distinzione tra un reato comune ed uno politico? Per me, **no.**
E allora, la nostra Carta **non poteva e non doveva** *essere più precisa? Sì,* **doveva.**
Con l'art. **11** "*l'Italia ripudia la guerra anche* **come mezzo di risoluzione** *delle controversie internazionali. Consente alle limitazioni di sovranità necessarie ad un ordinamento che assicuri la pace e la giustizia tra le Nazioni*"
E tutte **quelle missioni di guerra** *che abbiamo fatto di recente? Non hanno letto la" Carta" coloro che hanno deciso di*

parteciparvi lo stesso? Chi stabilisce gli interventi e le limitazioni della sovranità altrui? Chi garantisce che quelle siano le scelte giuste? Siamo forse ricattati, succubi di Organismi internazionali più forti di Noi? Chi risponde delle vittime provocate dalle armi che uccidono comunque, anche se in modo chirurgico? Tutti sappiamo che le guerre non risolvono mai le controversie tra i popoli e non risparmiano mai gli innocenti. E allora, non doveva essere più oculata la nostra legge fondamentale? **Doveva!**
Art. **13** *"La libertà personale è inviolabile così pure la detenzione, l'ispezione e la perquisizione personale" Si fa eccezione "per atto motivato dell'autorità giudiziaria e nei casi e modi previsti dalla legge"*
Non Vi sembra che ci sia troppa discrezionalità per il giudice? Cosa succede se il giudice prende dei provvedimenti del tutto sbagliati?
Intanto, *il Cittadino Sovrano va in galera. E questo, la nostra "Carta" non lo prevede. Stranamente, nessuno dei Costituenti ha mai pensato che ciò poteva succedere per un "banale" errore del giudice, quindi anche per loro, per* **Tutti loro***, i Giudici non sono degli Umani del tutto* **fallibili***, no! Sono degli Alieni,*

"incapaci" di sbagliare. E infatti, non pagano mai niente quando sbagliano.

Nessuno di quei Costituenti dotti ha fatto notare che ciò era in contrasto con la "Carta", che ciò non era giusto od opportuno. E così si è affermata l'idea che la **loro** *"Carta" debba essere osservata anche se* **ingiusta,** *discutibile, odiosa! Un'idea, del tutto sbagliata anche questa!*

Ma state attenti ad un altro particolare: I tempi lunghi dell'azione giudiziaria, a volte, sono descritti <u>nella Carta!</u>

"In **casi eccezionali,** *l'Autorità di pubblica Sicurezza può adottare provvedimenti provvisori che devono essere comunicati <u>entro</u> **48** <u>ore all'Autorità</u> giudiziaria e se questa non li convalida nelle <u>successive 48 ore,</u> si intendono revocati e restano* **"privi di ogni effetto!"**

Facciamo quattro conti della Serva. 48 ore, sono due giorni, più altri due giorni, diventano quattro. **E' questo il rispetto per il Cittadino che è ancora innocente?**

Perché deve andare in galera o in una cella dei Vari commissariati di polizia se **non c'è ancora un motivo?**

Quei Signori avrebbero dovuto prevedere che il giudice, <u>nello stesso giorno, avesse l'obbligo</u> **costituzionale** *di risolvere la questione.*
<u>*Il magistrato sta in ferie?*</u> *Decide il sostituto. Il titolare non si può sostituire, per qualche misterioso motivo?* **Non si carcera nessuno** *e si resta in attesa che torni il titolare.*
Perché devono passare due lunghi giorni e non invece due ore per questa comunicazione tra Organi dello Stato?
E perchè ne dovrebbero passare altri due di giorni per la convalida? Non basterebbe un'ora? Perché il Cittadino che fino a prova contraria è innocente, deve subire questo sopruso? Perché **non ha** *mai protestato* **nessuno?**
Non ci potrebbe essere sempre **un Giudice, a disposizione,** *per amministrare la giustizia ai Cittadini?*
Il fatto è *che al Cittadino Italiano e Sovrano, non si è mai dato il rispetto e la considerazione che* **merita!** *Ecco perchè i processi sono troppo lunghi e la giustizia troppo lenta! Lo ha consentito e lo consente "la Carta" perchè non ha previsto che il magistrato* **debba** *essere veloce, sintetico, efficiente e* **non deve stabilire da solo i tempi della sua attività.** <u>*Perchè quei*</u> *Costituenti*

non si sono resi conto che 4 giorni d'ingiusta detenzione sono un'eternità per un innocente?

Come si può scrivere che quella detenzione ingiusta possa essere **"priva di ogni effetto"** *se viene revocata dal giudice 4 giorni dopo il sopruso? Questo succede quando si parla e si scrive a vanvera su cose che non si sanno ma che bastava chiedere per conoscere!*

Art.14 "Il domicilio è inviolabile" ma lo si può ...violare "nei casi e nei modi stabiliti dalla legge."

Questa espressione e l'altra "per atto motivato dell'autorità giudiziaria" mi fanno rabbrividire! C'è troppa discrezionalità per il Magistrato! Troppa! Io e Voi, vogliamo sapere **in quali casi** *la magistratura può prendere decisioni diverse da quelle indicate dagli articoli della Carta e vogliamo discuterne* **prima, in Parlamento!**

"La legge speciale stabilisce le ispezioni ed accertamenti per motivi di sanità e di incolumità pubblica o a fini economici e fiscali."

Aggiunta: *Il Cittadino ha diritto di conoscere in anticipo questi motivi concernenti la sanità e l'incolumità pubblica ed i fini economici e fiscali. Deve essere tutto scritto, chiaramente!*

Art. 15 Le stesse domande ce le poniamo per *"la libertà e la segretezza della corrispondenza e di ogni altra forma di comunicazione che di regola sono inviolabili ma che la autorità giudiziaria può limitare"*
Perchè il Parlamento non stabilisce, esso, le limitazioni opportune senza **delegarle alla** magistratura? Perché?
Art. 17 "Il Cittadino può circolare e soggiornare liberamente in qualsiasi parte del territorio nazionale, di uscire e di rientrarvi, salvo i casi che la legge stabilisce per motivi di sanità e sicurezza."
Immaginiamo che ci si riferisca alla sanità e sicurezza dei Cittadini.
Ebbene, **chi** ha messo e mette in circolazione pazzi o squilibrati in permesso premio, delinquenti non ancora rieducati, stupratori che hanno giurato di farla pagare a chi li ha denunciati, drogati, ubriachi cronici e via discorrendo? Solo ed esclusivamente *i* **magistrati**!
Loro dicono: *"Ma i condannati hanno già pagato"* Vi rispondo in questo modo: *"Ciò significa forse che il loro diritto a circolare può mai essere prevalente, più importante del* **diritto** *dei Cittadini* **alla sicurezza***?"*

Quali provvedimenti hanno preso i nostri bravi giudici per limitare la circolazione ad individui con malattie infettive in atto o comunque diffusibili?

Chi ha mai **protetto** *i Cittadini dalla "criminalità organizzata", dai suoi soprusi e imposizioni di "pizzo"? Quali garanzie ha il Cittadino che un delinquente resti in galera per scontare tutta la pena che gli è stata inflitta? Non Vi sembra evidente che chi viola la legge ha più tutele, più facilitazioni del Cittadino onesto?*

Sull'art. **17***, niente da dire" sulla libertà di riunirsi pacificamente e senz'armi." Per le riunioni* **in luogo pubblico***, io Vi invito ad essere più precisi: Dovete dire: "Non si può partecipare a nessun corteo, incontro, sfilata* **con bastoni, mazze da golf, catene, maschere antigas, oggetti contundenti o impropri, bulloni, spray** *urticanti,* **no! No! In nessun caso!**

I mazzieri e i facinorosi vengono **presi** *e* **portati a spasso** *sui blindati della Polizia,* **a spese nostre***, ma non devono esser messi in condizione di recare danni alla cittadinanza ed alla cosa pubblica e privata. In nessun caso! A che servono i caschi più o* meno rinforzati, i passamontagna, i fazzoletti idonei a coprire bocca e naso in una sfilata? Perchè quella gente non è stata resa inoffensiva, **prima?**

L'art. **18** lo modificherei così: "I cittadini hanno diritto di associarsi liberamente ma devono presentare statuto ed atto costitutivo all'Agenzia delle entrate perché la loro associazione venga legalizzata. Gratuitamente, se si tratta di associazioni senza scopo di lucro." Tutto questo, può essere fatto per fax o per mail. La loro finalità deve essere pacifica e deve essere chiaro il principio che il loro diritto finisce dove inizia quello degli altri."

Art. **19** "Tutti possono professare e propagandare la propria fede religiosa in privato o in pubblico purché non si tratti di riti contrari al buon costume."

Si aggiunga: "Nessuna religione può prevalere sulle altre e lo Stato italiano deve restare assolutamente **"neutrale"** nei confronti di ogni religione. Non può e non deve recepire suggerimenti o diktat su questioni che si riferiscano alla libertà di coscienza degli individui e la loro morale.

L'art. **20** dovrebbe essere sostituito dal seguente: "Tutte le associazioni o Istituzioni religiose devono avere le identiche *limitazioni legislative ed imposizioni fiscali di quelle laiche, cioè non religiose."*

Art. **21 "Tutti hanno il diritto di manifestare** *il proprio pensiero con la parola, lo scritto ed ogni altro mezzo di diffusione. La stampa non può essere soggetta ad autorizzazioni o censure".*
Censure no, ma autorizzazioni sì!
I comuni Cittadini, quando mettono su un'impresa economica e sociale sono soggetti ad una serie snervante di autorizzazioni. Devono essere ridotte per i Cittadini e per coloro che intendono stampare un giornale, ma **ci devono** *essere.*
Se si eliminano per la Stampa, non debbono esistere nemmeno per i Cittadini. Inoltre, la stampa non deve avere finanziamenti pubblici di alcun genere. Quelli privati, devono risultare nei bilanci annuali. I direttori dei giornali, delle riviste etc, **sono responsabili delle falsità da loro pubblicate oltre che della pubblicazione degli atti che riguardano un iscritto nel libro degli indagati. Nessun** *divieto per tutte le pubblicazioni a mezzo stampa, gli spettacoli e le manifestazioni in luogo privato* **contrarie** *al buoncostume.*
Chi non le ritiene adatte quelle cose, **le ignora! E'libero!**

Art. 22 "Nessuno può essere privato per motivi politici, della capacità giuridica, della cittadinanza, del nome."

Art. 23 "Nessuna prestazione personale o patrimoniale può essere imposta se non in base alla legge." Modificatelo così: "se non in base ad una legge del Parlamento"!

Art. 24: Tutti possono agire in giudizio per la tutela dei propri diritti ed interessi legittimi."

Mi sta bene, ma ci deve essere un **filtro** *che faccia arrivare in giudizio solo le controversie rilevanti e non le ripicche o i gesti inconsulti di facinorosi o attaccabrighe. La maggior parte di questi casi deve essere risolta con il rito della* **conciliazione** *o, al massimo, con una* **multa**. *Le questioni che riguardano la salute e l'incolumità fisica devono essere affrontate "immediatamente", le altre, devono essere risolte in quarantotto ore...ora più, ora meno!*

"La difesa è diritto inviolabile in ogni **stato e grado del procedimento.**"

Ma ci devono essere **solo due gradi di giudizio.** *I giudici* **delle indagini** *devono essere* **diversi** *per carriera e formazione* **da quelli che giudicano.** *Le pene alternative al carcere devono essere utilizzate* **"obbligatoriamente"** *dai giudici. Per* *uno stesso reato*, ci deve essere una **stessa pena** in tutto il territorio nazionale. In conclusione: **due soli gradi di giudizio, procedure più sicure e più umane, tempi brevissimi e certi.**

"*Sono* **assicurati** *ai non abbienti, con appositi istituti, i mezzi per agire e difendersi davanti ad ogni giurisdizione!*"
Bisogna specificare che lo Stato garantisce al Cittadino non abbiente un avvocato pagato **esclusivamente** dal Ministero di Grazia e Giustizia. L'avvocato non deve pretendere **nulla** dal cliente e deve difenderlo nel miglior modo possibile. Se viola questi due impegni, viene radiato dall'albo, se recidivo; viene sospeso, se lo fa una sola volta!
"*La legge determina le condizioni ed i modi per la riparazione degli errori giudiziari*"
Nonostante un referendum che sanciva la responsabilità civile dei giudici e nonostante i 66 anni a disposizione del Parlamento per determinare queste condizioni e questi modi, abbiamo assistito alla nascita del "<u>topolino</u> del risarcimento per dolo" dei signori magistrati a <u>carico dello Stato</u>, che poi provvederà a rivalersi **su di loro.**

Perchè mai? E che fine hanno fatto gli articoli della "uguaglianza" dei Cittadini di fronte alla legge?
E' un fatto, che la Legge Fondamentale, quella che viene osannata da chi non vuole cambiarla, tratta il Cittadino Sovrano come fosse una pezza da piedi!
Meglio di lui ci sono i Partiti, le varie Chiese, i Sindacati, i Deputati, cioè i **suoi rappresentanti** *in Parlamento, le Banche, i Governatori, i vari Presidenti, i Direttori generali, i Direttori degli Enti periferici e centrali, i Capi delle Aziende a partecipazione statale, i Sindaci delle grandi città ed i Magistrati.*
Non voglio contare più di questi Signori, ma almeno voglio stare **alla pari** *ed avere già nella "Carta" gli strumenti veri per far valere il* **mio potere** *e la mia importanza!*
Cari nipoti e pronipoti, dovrete esigere **il tappeto rosso** *su cui* **ancheggiare,** *quando sarete considerati i veri Sovrani di questa Repubblica. Non è giusto che i Cittadini paghino sempre e i cosiddetti rappresentanti delle Istituzioni non paghino mai, sempre se sbagliano!*

Art.25" Nessuno può essere distolto dal giudice naturale precostituito per legge" Perché? E se quel giudice dà segni di squilibrio mentale?

Se é prevenuto contro di me perchè abbiamo opinioni politiche diverse? Perché i Cittadini non possono rifiutare chi, notoriamente, non è stato e non è imparziale?

E perchè questo articolo che riguarda l'organizzazione del lavoro dei giudici che è di competenza del Ministero di Grazia e Giustizia, è stato inserito in Costituzione? Perché nessuno dei Controllori e Garanti ha notato mai questa incongruenza, ingiusta, inopportuna, spregevole?

Perché non posso chiedere a chi sta **al di sopra** *del giudice, cioè ai Parlamentari, che* **Egli** *venga controllato, venga visitato, venga curato adeguatamente se è un frustrato o un paranoico? Forse che il magistrato non dispone accurati accertamenti sul Cittadino indagato o detenuto per stabilire se è sano di mente o se può sopportare la condizione carceraria? Perchè non può avvenire il caso contrario, perché?*

Dove sono andati a finire tutti gli articoli che esaltano, ribadiscono, **l'uguaglianza** *di tutti i Cittadini?*

*"Altro comma dell'art. **25, per me il più importante:***
"Nessuno può essere punito se non in forza di una legge che sia entrata in vigore prima del fatto commesso"
Aggiungete questa frase, cari nipoti: "Pena la nullità della decisione". Voi, almeno Voi, dovete pretenderla!
Il comma finale è una ripetizione dell'art. 13, quindi valgono per esso, le critiche già espresse sull'art. 13.
*Art. **26** "Il cittadino non può essere estradato per reati politici. Per i casi previsti dalle Convenzioni internazionali e per i delitti di genocidio, sì."*
Per nonno Giuseppe, cari pronipoti, se per "reato" si intende la violazione di una norma di legge, non ci sono aggettivi che possano giustificarlo. Dunque, se non si concede l'estradizione, il reato commesso deve essere giudicato e scontato in Italia.
*Sull'art. **27** sono d'accordo. "La responsabilità penale è personale. L'imputato non è considerato colpevole sino alla condanna definitiva." E' un articolo molto chiaro, davvero!*
*E allora, **chi** fa circolare delle carte processuali, delle accuse che ancora non costituiscono condanna e forse non lo saranno mai, delle intercettazioni, prima ancora dell'inizio del processo e chi fa*

pervenire ai giornalisti quelle carte, deve essere adeguatamente **punito.**

E la Carta deve prevedere le sanzioni per i responsabili e a chi affidare le indagini. Ovviamente, non possono essere i giudici di quella procura o di quel tribunale da cui sono "sfuggite" le carte.
Inoltre, *più della metà degli indagati sarà dichiarata innocente! Si può mai parlare di "serietà" delle Istituzioni?"*
Ancora no!
Attenti, nipoti, vi diranno che con queste affermazioni Voi volete "delegittimare" le Istituzioni. Manco per sogno!
Le istituzioni si delegittimano da sole quando non **rispettano** *le leggi o quando pretendono di avere più diritti dei Cittadini che costituiscono il Popolo Sovrano.*
"Le pene non possono consistere in trattamenti contrari al senso di umanità e devono tendere alla rieducazione del condannato.
"Quale senso di umanità *si trova nel mandare in galera, anche se per pochi giorni, una persona "indiziata" di un reato o di cui si nutrono sospetti molto generici?*
E quale **umanità** *si possiede nel firmare, a volte* **falsamente,** *mandati di cattura e si aspettano giorni prima di interrogare*

l'indagato? Perché ciò non avviene subito, **in poche ore**, *e si lasciano trascorrere invece dei giorni?*

In casi di emergenza, **un medico** *deve intervenire subito e non quando gli fa più comodo o quando ha studiato il paragrafo della patologia che riguarda il malcapitato! Se non fosse tempestivo, ne risponderebbe di persona. Perché ciò non deve accadere* **anche** *per il giudice? Perchè?*

Per i condannati in via definitiva, di **quale umanità** *si è fatto sfoggio di fronte al mondo civile? Gli spazi nelle celle a disposizione dei "detenuti" insufficienti, i servizi igienici sporchi e maleodoranti, la mancanza assoluta di riservatezza, il cibo immangiabile,* **sono forse** *misure di* **umanità**? *Non lo sono affatto nemmeno per la Corte Europea.*

Lo sapete, cari nipoti, che il mondo civile ci contesta anche il **reato di tortura** *nei confronti dei carcerati?*

Quali pene alternative sono state inflitte ai condannati per il reato di clandestinità, l'uso di droga, i furti ed altri reati minori? Perché non c'è scritto da nessuna parte che la pena per **reati gravi** *come stupri, pedofilia, violenze personali, sequestri di persona, tentativi* di omicidi ed ammazzamenti **deve** essere **certa**, severa e senza attenuanti?

La Carta costituzionale non prevede espressamente che si deve **rispetto per le vittime ed i loro familiari** che hanno gli stessi diritti dei carnefici ma che vanno tutelati prima dei carnefici. Perché? Voi, cari nipoti, dovete pretenderlo!

Molto spesso si risponde che **quelle sono le leggi del** Parlamento che i **giudici** devono **applicare**. Strananamente, la loro "discrezionalità" sparisce d'incanto. I loro sindacati tacciono, non fanno proposte, non accennano ad alcuna protesta! Lo fanno solo quando i Cittadini sovrani li criticano ed **auspicano** leggi che limitino lo strapotere dei giudici.

Allora, abbiamo ragione **Noi** quando diciamo che la discrezionalità dei giudici **deve** sparire!

Di quale **rieducazione** si può parlare poi per i recidivi e i delinquenti abituali? **Nessuna!**

Hanno bisogno di rieducazione coloro che hanno avuto la galera per fallimenti, omissione di pagamenti di tasse, di multe spesso anche per colpa dello stesso Stato che non fa fronte ai suoi debiti, o per **imprudenza,** per sbaglio o **dimenticanza?**

No. In tutti i casi, la struttura carceraria deve essere igienicamente idonea, riscaldata in inverno e refrigerata d'estate, ma la pena, cari nipoti miei, deve essere certa. Due anni? Due anni e senza **sconti**.

I casi meno seri si devono risolvere con multe più o meno salate, anche a rate, o con espropri, sequestri di beni acquistati con i furti, o con le ruberie, (ad esempio, l'omissione continua della dichiarazione dei redditi, in presenza di redditi), riduzione degli stipendi se ci sono le condizioni.

Violenze **a cose**? I magistrati non chiudano gli occhi. Le deturpazioni di monumenti, i vandalismi, gli incendi dolosi, i danni materiali si ripristinano, cioè gli oggetti, a carico dei violenti, vengono rimessi al loro posto entro breve termine.

"Non è ammessa la pena di morte "Basta questa frase, il resto va abolito.

Art. **28** "I funzionari e i dipendenti dello Stato e degli enti pubblici sono <u>direttamente</u> responsabili **secondo le leggi** penali, civili e amministrative, <u>degli atti compiuti in violazione dei diritti.</u>"

Si sarebbe potuto prevedere qualche aggravamento della pena perchè loro devono dare il buon esempio, ma questo articolo è del tutto ovvio.

I **Costituenti** avrebbero dovuto chiarire che **anche i** magistrati, i deputati, i membri del Governo, i cosiddetti rappresentanti delle Istituzioni sono" **funzionari** e dipendenti dello Stato" dato che svolgono delle funzioni e **sono pagati dallo Stato**, dunque, responsabili come gli altri.

Il comma finale dice che "la responsabilità civile si estende allo Stato ed agli Enti Pubblici da cui dipendono" E perché mai queste **disparità** di trattamento? Perché mai questi privilegi? Perché, **se** tutti siamo **uguali** davanti alla legge?

Art. **29** "La repubblica riconosce i diritti della famiglia come società naturale fondata sul matrimonio".

Bisognava precisare: "matrimonio civile o cattolico" dato che ci troviamo in uno Stato non confessionale.

Io avrei dato un riconoscimento anche ai single...Voi, cari pronipoti, pretendetelo!

"Il matrimonio è ordinato sull'uguaglianza" morale e giuridica dei coniugi"

Nella" Carta" di uno Stato laico, **non bisogna parlare mai di morale** *perchè attiene al comportamento dell'uomo e le sue idee* **di bene e di male.** *Questa materia ha a che fare con ciascun individuo e va lasciata* **solo a Lui** *e a nessun altro!* "*con i limiti stabiliti dalla legge a garanzia dell'unità familiare*"

Ogni limite, ogni limitazione deve essere stabilita solo dal Parlamento e deve essere ben chiarita e sottolineata.

Inoltre, non è forse famiglia l'unione di persone affini che vogliano assistersi, proteggersi e amarsi in maniera diversa dalla famiglia tradizionale? Perché a costoro non dovrebbero essere riconosciuti i diritti che vengono garantiti agli altri? E perché no agli omosessuali?

Art. **30** *"E' dovere e diritto dei genitori, mantenere, istruire ed educare i figli, anche se nati fuori del matrimonio. Nei casi di incapacità dei genitori, la legge provvede a che siano assolti i loro compiti" Si può aggiungere: "senza imposizioni, ascoltando tutte le opinioni, comprese quelle dei figli, quando essi siano in grado di farlo." Ai figli nati fuori del matrimonio, "la legge assicura ogni tutela giuridica e sociale <u>compatibile</u> con i diritti dei membri della* famiglia legittima" **Correzione:** *La tutela giuridica e sociale di uno Stato non deve essere compatibile* **con Niente***.*

Non sono state mai specificate queste tutele e, nei fatti, non sono state mai applicate. La Carta non ha preso in considerazione, ed era opportuno farne cenno allora, nemmeno **alle Madri** *dei figli nati" fuori del matrimonio".*

Come al solito, i **Cittadini** *sono stati vincolati alle* **regole**, <u>non le regole ai Cittadini</u>!

"La legge detta le norme e i limiti per la ricerca della "paternità" Nessun limite si può imporre per la ricerca di un diritto.

Art. **31** *"La Repubblica agevola, con misure economiche e altre provvidenze, la formazione della famiglia e l'adempimento dei compiti relativi con particolare riguardo alle famiglie numerose" Quando mai l'hanno fatto? I miei genitori erano stati sfrattati dalla casa dove avevano abitato per una vita intera. Invece di agevolarli a pagare un affitto, hanno preferito tenerli in una stanza di albergo spendendo molto di più e sprecando denaro pubblico anche con le parate, le cene, i doni alle Autorità nei giorni delle festività religiose e civili! In Italia, non si è mai vista una "Caritas civile" per soddisfare le più elementari esigenze degli* *indigenti che sono sempre esistiti. Si è preferito dare ad altri dei contributi perché svolgessero i compiti che toccavano allo Stato.*

*L'ultimo comma dell'art. **31** dice che "la Repubblica protegge la maternità, la gioventù, l'infanzia favorendo gli Istituti necessari a tale scopo". Non ci sono stati mai controlli, né standard minimi di efficienza per chi ha "finto" di occuparsene.*

*Art. **32** "La Repubblica tutela la salute come fondamentale diritto dell'individuo e interesse della collettività e garantisce cure gratuite agli indigenti."*

Tutti conoscono l'enorme spreco di denaro pubblico nel campo della sanità perchè non si sono previste Figure responsabili penalmente e civilmente della cattiva gestione, sono state tollerate le differenze di costi tra una regione e l'altra, tra un comune e l'altro. Sono continuati gli sprechi di materiale, i ritardi insopportabili nelle prestazioni, le enormi disparità di trattamento tra un ospedale o struttura sanitaria e gli altri.

E i controlli? Quando e da Chi sono stati effettuati?

"Nessuno può essere obbligato a un determinato trattamento sanitario se non per disposizione di legge. La legge non può in

nessun caso violare i limiti imposti dal rispetto della persona umana"

Ma cosa è accaduto invece negli ospedali psichiatrici della Repubblica? Quanto tempo è passato prima di constatare che si trattava di "lager"? Chi ha mai pagato per la violazione dei diritti dei ricoverati? Come al solito, **nessuno.**

Art. **33** *"L'arte e la scienza sono libere e libero ne è l'insegnamento. La Repubblica detta le norme generali sulla Istruzione ed istituisce scuole statali per tutti gli ordini e gradi. Enti e Privati hanno il diritto di istituire scuole ed Istituti di educazione,* **senza oneri per lo Stato***"*

Non è stato mai così e **c'è chi ha consentito,** Controllori e **non***,* che le cose andassero diversamente, cioè controlegge.

A cambiare le cose, sono certo che ci penseranno i miei ed i Vostri nipoti, cari amici che mi leggete!

L'ultimo comma riguarda le Università e le Accademie che hanno il diritto di darsi ordinamenti autonomi. Ma nessuno ha mai previsto controlli esterni dato che questi Istituti si reggono con i fondi pubblici. Perché?

Art. **34** *"La scuola è aperta a tutti."*

L'istruzione inferiore è impartita per almeno otto anni, è obbligatoria e gratuita. I capaci e meritevoli, anche se privi di <u>mezzi</u>, hanno diritto di raggiungere i gradi più alti degli studi".

"La Repubblica, **finalmente dico io,** *rende effettivo questo diritto con* **borse di studio, assegni alle famiglie ed altre** <u>**provvidenze**</u> *che* <u>*devono*</u> *essere attribuite* **per concorso"**

E' la prima volta che la Repubblica **elenca i contributi** *ed è* **seria!** *Mi sembra giusto sottolineare però che non sono stati* **mai previsti** *Controllori e Persone* **responsabili** *dell'applicazione di queste direttive. Bisogna anche essere comprensivi per chi non abbia voglia alcuna di frequentare la "scuola media." Per costoro, debbono essere previsti dei corsi di formazione obbligatori in cui si insegnano un mestiere e si forniscono elementi essenziali di lingua italiana, educazione civica, con lo studio della* **Costituzione riveduta e corretta**, *disegno, lingua straniera.*

I programmi vanno aggiornati ed i libri di testo rinnovati almeno ogni dieci anni. Per **alcuni** *adolescenti, la scuola non può diventare una* **tortura** *e va evitata nel modo indicato.*

*Art. **35*** "*La Repubblica tutela il lavoro in tutte le sue forme ed applicazioni*". *E' già la terza volta che si parla di lavoro ma non si dice ancora nulla su come il lavoro dovrebbe essere tutelato. Perché?*

"*Cura la formazione e l'elevazione professionale dei lavoratori*" *Come e quando? Chi ne è responsabile? Chi paga qualcosa se non lo fa? Quali controlli scattano?*

"*Promuove e favorisce gli accordi e le organizzazioni internazionali intesi ad affermare e regolare i diritti del lavoro. Riconosce la libertà di immigrazione e tutela il lavoro italiano all'estero.*"

Chi è emigrato all'estero, sa che ha dovuto lavorare in condizioni disumane, accettare turni massacranti, fare lavori scomodi e non sempre pagati adeguatamente. Nessuno di loro ha mai notato" la tutela della Repubblica"!

Ha lavorato, ha risparmiato e si è comprata una casa, delle comodità, dei beni di lusso, dopo anni di sacrifici.

*Oggi, **chi** viene qui, **pretende** dei diritti ancor prima di aver fatto il suo **dovere**. C'è qualcosa che non quadra! E dovete farla* quadrare senza pregiudizi e dribblando con fierezza le scomuniche "dei soliti noti", miei cari nipoti!

Art. 36 *"Il lavoratore ha diritto ad una retribuzione proporzionata alla quantità e qualità del suo lavoro e in ogni caso sufficiente ad assicurare a sé e alla famiglia un'esistenza libera e dignitosa"*

Bellissimo articolo, non c'è che dire! Solo che non vale per Tutti e va cancellato. Se un operaio, un impiegato una commessa non hanno un lavoro garantito, non si può nemmeno parlare di retribuzione adeguata, né di quantità e qualità del lavoro. E quindi, anche l'esistenza libera e dignitosa va a farsi benedire!

Che significa poi esistenza dignitosa? Adeguata al rispetto che si deve per l'uomo, per il Cittadino?

E quale rispetto hanno avuto le Istituzioni per il Cittadino se, per primi, hanno sistemato i Capi, i Comandanti, i molti Presidenti, i Direttori, i Deputati ed i loro lacchè, hanno fissato le retribuzioni, le pensioni e le indennità molto "onorevoli" di questi Signori lasciando **al caso** l'assicurazione di una esistenza libera e dignitosa per la famiglia del disoccupato, del sottooccupato, del precario senza diritti e dell'occupato a giorni alterni? Che senso ha aver scritto in

Costituzione che la durata massima della giornata lavorativa viene stabilita dalla legge se la legge ha dimenticato di assicurare la giornata lavorativa?Che senso ha scrivere che il lavoratore ha diritto al riposo settimanale e a ferie annuali retribuite,ribadendo che non può rinunciarvi,se costui non ha un lavoro garantito dallo Stato?

Chi ha scritto queste cose, aveva, senza dubbio, casa, lavoro privilegi, conti in banca, un'esistenza libera e dignitosa! E poi, di quale legge fondamentale parliamo se essa **non** *è uguale per tutti? E che succede nei casi in cui il lavoratore non ha questi diritti? Chi e che cosa paga? Cari nipoti di tutte le generazioni future, dovete pretendere che venga specificata nei dettagli la persona o l'Ente* **responsabile** *penalmente e civilmente se no, non cambierà nulla.*

Art. 37" La donna lavoratrice ha gli stessi diritti e, a parità di lavoro, le stesse retribuzioni che spettano al lavoratore"

Più chiaro di così, **non poteva essere scritto!** *Ma, sapendo che per la donna, le difficoltà sono state sempre maggiori, perchè i* **vari Soloni** *non hanno fatto osservare questa parte della "Carta"? Perché ancora adesso, nessuno querela, nessuno* *denuncia, e i Capi fanno prediche ma non* **prendono** *seri* **provvedimenti dato che la legge, dopo 66 anni,** *non è stata ancora applicata? E perché mai la retribuzione delle donne è stata ed* **è** *inferiore a quella degli uomini?*

Già nel 1948, esisteva l'art. **37** *che specificava che "le condizioni di lavoro (della donna) dovevano consentirle lo adempimento della sua essenziale funzione familiare e assicurare alla madre ed al bambino una speciale ed adeguata protezione." Non solo non le hanno dato un lavoro, non solo non l'hanno retribuito alla pari degli uomini, ma hanno avuto la faccia tosta di scrivere che le assicuravano una speciale ed adeguata protezione per sé ed il bambino! Però, è la prima e l'unica volta che si parla di bambini. All' art.* **31** *si fa cenno alla infanzia, ma di tutti i problemi enormi che li riguardano, si tace, e già allora esisteva la pedofilia, lo sfruttamento del lavoro minorile, il sequestro ed il maltrattamento dei minori, la tratta di minorenni a scopo di prostituzione!*

"La legge stabilisce il limite minimo di età per il lavoro salariato. La Repubblica tutela il lavoro dei minori con speciali norme e garantisce ad essi, a parità di lavoro, il diritto alla parità di

retribuzione". Cari nipoti, le tutele e le garanzie, solo a parole, non hanno valore. Pretendete i fatti! Certo è che, se lo Stato avesse garantito un lavoro a Tutti ed avesse costruito attorno al lavoratore tutte le sue strutture, le sue "impalcature", adeguandole a Lui ed a Lui soltanto, le condizioni di vita degli Italiani sarebbero state migliori in assoluto. Ovviamente, stiamo parlando di Italiani con la voglia di lavorare e non di parassiti, fannulloni e mangia a ufo!

Art. **38** "Ogni Cittadino inabile al lavoro e sprovvisto di mezzi necessari per vivere, ha diritto al mantenimento ed all'assistenza sociale. I lavoratori hanno diritto che siano preveduti ed assicurati mezzi adeguati alle loro esigenze di vita in caso di infortunio, malattia, invalidità e vecchiaia, disoccupazione involontaria".

Limitiamoci ai casi di vecchiaia. Ancora adesso, la maggior parte di coloro che ricevono dallo Stato un assegno o una pensione di vecchiaia non ce la fanno nemmeno a garantirsi tre pasti caldi al giorno. Se non hanno una casa, debbono dormire per strada, o sotto ai ponti, senza riscaldamento, senza acqua corrente, senza diritti.

"Gli stessi Istituti od Organi predisposti od integrati dallo Stato", per le garanzie dei diritti, distribuiscono pensioni d'oro a Dirigenti, Deputati con pochissimi giorni, mesi o al massimo qualche annetto di **lavoro**, doppie o triple pensioni a dei privilegiati, stipendi fuori controllo al Capo dello Stato, Capi di aziende statali ed Enti a partecipazione statale, magistrati, presentatori, giornalisti, conduttori della Tv di Stato, dirigenti, banchieri!

E osiamo ancora dire che la nostra Carta è la migliore del mondo? **Non** nomina **mai** la categoria dei pensionati, mai!

Dopo 66 anni, non è in grado di fornire loro sicurezza e diritti e non ha mai individuato i Responsabili e non ha mai indicato le punizioni che avrebbero meritato.

"Gli inabili ed i minorati hanno diritto all'educazione e all'avviamento professionale." Cari nipoti, non fatevi seppellire dalle parole roboanti. Pretendete i fatti! Pretendeteli!

Art. **39** *L'organizzazione sindacale è libera. Ai sindacati non può essere imposto altro obbligo se non la registrazione presso uffici locali o centrali secondo le norme di legge.*

E' condizione per la registrazione che gli statuti dei sindacati sanciscano un ordinamento interno a base democratica."

Ovviamente, **non possono** ottenere o acquisire **privilegi**, *non possono obbligare nessuno ad iscriversi, né trattenere la quota sindacale senza autorizzazione scritta dell'interessato, devono rispettare le leggi,* **non hanno diritto di veto.**

Pur essendo cose del tutto evidenti, perché i sindacati sono diventati organismi **"incontrollabili"**?

Inoltre, hanno dei privilegi che il Cittadino comune non ha e deve stare attento a chi gli toglie, **di continuo**, *i suoi diritti.*

"I sindacati registrati hanno personalità giuridica. Possono, rappresentati unitariamente in proporzione ai loro iscritti, stipulare contratti collettivi di lavoro con efficacia obbligatoria per tutti gli appartenenti alle categorie alle quali il contratto si riferisce."

Fino a prova contraria, i sindacalisti sono operai, lavoratori rappresentanti delle categorie a cui appartengono quindi devono lavorare come gli altri, fare le assemblee al di fuori degli orari di lavoro, non intralciare il lavoro degli altri, non ricattare chi li considera "inutili e/o non necessari".

Insomma, **da Noi***, qualcuno ha sempre un privilegio in più degli altri, se l'è preso alla luce del sole, e non ha fatto altro che seguire l'esempio di altri* **furbastri** *come lui!*

Queste furbizie, queste rapine **devono** *finire prima o poi! Non li vedrò io ma almeno voi, cari pronipoti, dovete imporre i cambiamenti. Le mie ossa avranno dei* **sussulti di** *gioia e sarà grande il* **chiasso** *che faranno!*

Specialmente, quando accadrà che le controversie tra lavoratori ed industrie, tra lavoratori e Ministeri vari o Enti pubblici, saranno evitate per quanto possibile e risolte dallo Stato che deve essere il solo arbitro e giudice.

Art. **40** *"Il diritto di sciopero si esercita nell'ambito delle leggi che lo regolano."*

Quali leggi lo regolano? E queste leggi non le devono conoscere tutti i Cittadini?

Doveva essere messo in chiaro, **immediatamente***, che il diritto di qualcuno a scioperare, non può ledere mai, e sottolineo mai, i diritti di chi ha deciso di* **non scioperare** *o di quei Cittadini che* **non hanno niente a che fare** *con quello sciopero. E non ce la si può cavare chiedendo scusa! Lo Stato ha l'obbligo di*

fermare *chi agisce in violazione dei diritti* **altrui** *e come si diceva prima, non si può partecipare ad uno sciopero con mazze, corpi contundenti, catene o armi improprie.*

Art. **41** *"L'iniziativa economica privata è libera" Dunque, non si possono imporre lacci e laccioli, articoli di legge, cavilli procedurali e autorizzazioni snervanti.*

"Non può svolgersi in contrasto con l'utilità sociale o in modo da recare danno alla sicurezza, alla libertà, alla dignità umana. E **allora***, bisogna fare dei controlli sulle misure di sicurezza adottate, sul rispetto o no dell'igiene pubblica e sulla eventuale violazione di diritti, in maniera puntuale e alla luce del sole. Analoga considerazione deve essere fatta per gli utili o i guadagni delle Aziende che rischiano i loro capitali per una determinata attività produttiva.*

"La legge determina i programmi e i controlli opportuni perchè l'attività economica pubblica e privata possa essere indirizzata e coordinata a fini sociali" Il che **esclude** *che lo Stato possa sovvenzionare con* **soldi pubblici** *le Aziende né mantenerle in vita se sono* **inutili** *o perennemente* **in rosso.***

Art. 42 *"La proprietà è pubblica o privata. I beni economici appartengono allo Stato, ad Enti o a privati."* Si può aggiungere: *"che devono saperli amministrare con* **competenza** *e oculatezza per ricercare il profitto per chi amministra e vi ci lavora."* Ci devono essere dei Controllori **responsabili** penalmente e civilmente che, nel caso delle Banche, devono **prevenire i fallimenti** e le perdite ingenti di denaro da parte dei Cittadini. Le Banche **in rosso**, devono essere pertanto **nazionalizzate**.

"La proprietà privata può essere, nei casi preveduti dalla legge" e chiaramente **indicati dal Parlamento**,*"* e salvo indennizzo, espropriata per motivi d'interesse generale.*"* Ma gli indennizzi, devono essere **contestuali** agli espropri.

"La legge stabilisce le norme e i limiti della successione legittima e testamentaria e i diritti dello Stato sulle eredità" Queste norme e questi limiti vanno indicati dal Parlamento e da **nessun altro**.

Art. 43 *"Ai fini di utilità generale, la legge può riservare originariamente o trasferire, mediante espropriazione e salvo indennizzo, allo Stato, ad enti pubblici, o a comunità di lavoratori o di utenti, determinate imprese o categorie di imprese che si riferiscano a servizi pubblici essenziali o a fonti di energia o a situazioni di monopolio ed abbiano carattere di preminente interesse generale".*

Vale per tutti il criterio della **efficienza** *e della corretta gestione. Le comunità di lavoratori o di Utenti non devono far riferimento, diretto o indiretto a Partiti Politici e devono essere sottoposte a controlli da parte dello Stato. Il che non significa ulteriori incombenze burocratiche ma certezza che si operi con criteri di onestà e professionalità. Il costo dei servizi* **non** *può essere* **superiore** *agli standard nazionali, né si possono nominare dirigenti* **più numerosi** *degli standard internazionali, né con* **stipendi** *superiori agli standard nazionali. Si accede attraverso* **concorsi pubblici** *su base nazionale.*

Art. 44 "Al fine di conseguire il razionale sfruttamento del suolo e di stabilire equi rapporti sociali, la legge impone obblighi e vincoli alla proprietà terriera privata, fissa limiti alla sua estensione secondo le regioni e le zone agrarie, promuove ed impone la bonifica delle terre, la trasformazione del latifondo e la ricostituzione delle unità produttive, aiuta la piccola e media proprietà. La legge dispone provvedimenti a favore delle zone montane."

La Carta omette di parlare della proprietà terriera pubblica, del **demanio pubblico**, dei **controlli** e dei criteri usati per le concessioni, la loro **economicità** e durata, la gestione degli Edifici pubblici, la loro eventuale vendita o affidamento a privati o altri Enti Pubblici che così non spenderebbero ingenti somme per l'acquisto o l'affitto delle sedi necessarie per svolgere le loro funzioni.

Perchè lo Stato non offre **esempi** di efficienza anche ai privati? Come e quando aiuta la piccola e media proprietà?

Perché tra le **Comunità montane** figurano paesi e comuni a pochi metri dal **mare**? perché non si occupa dello **spreco** di denaro pubblico e non indica i Controllori **responsabili** davanti alla legge?

Art. **45**" La repubblica riconosce e favorisce la funzione sociale della Cooperazione a carattere di mutualità e senza fini di speculazione privata. La legge ne promuove e favorisce l'incremento con i mezzi più idonei e ne assicura, con gli opportuni controlli, il carattere e le finalità"

C'è di tutto in questo articolo: A) la funzione sociale a carattere di mutualità, B) i fini che non devono essere di

69

speculazione privata, C) *l'affermazione che la legge tende ad incrementarla con i mezzi più idonei,* D) *gli opportuni controlli.* E) *Aggiunge che ne assicura il "carattere" e le finalità!*

Qualcuno dica se tutto ciò è mai stato fatto e chi sarebbe il responsabile degli opportuni controlli e se è disposto **a giurare** *che la Cooperazione è rimasta quella indicata nella Carta e* **non altro?**

Qualcuno potrebbe dire **se** *e* **quando** *sono stati fatti controlli su coloro che gestiscono le cooperative, sui criteri di assunzione, sul numero di dirigenti e dipendenti e sui loro stipendi? Potrebbe giurare che non c'entrano i Partiti?*

Che significato ha: "ne assicura il carattere"?

Sono forse le qualità, i segni, le caratteristiche che distinguono una cosa dall'altra? E **quando** *lo fa?* **Chi** *lo fa? Chi lo ha fatto e* **come** *è stato fatto?*

"La legge provvede alla tutela e allo sviluppo dell'artigianato."

Mio padre era un artigiano, bravo ed onesto al cento per cento e di più. Ha creato dei mobili che ancora adesso vengono contesi dagli antiquari. Non è mai stato tutelato e aiutato da nessuno specie quando ha avuto delle difficoltà.

Nessuno degli artigiani che conosco è stato aiutato ad iniziare la sua attività né agevolato a districarsi nella selva dei burocrati. Nessuno, almeno **per via legale**.

Art. 46 *"Ai fini della elevazione economica e sociale del lavoro, in armonia con le esigenze della produzione, la Repubblica riconosce il diritto del lavoratore a collaborare, nei modi e nei limiti stabiliti dalla legge, alla gestione delle aziende."*

Che splendide parole! Quanto affascinano e lusingano!

La Repubblica non garantisce il lavoro al lavoratore, figuriamoci se potrà aiutarlo a collaborare alla gestione delle aziende!

Mi chiedo se la Repubblica l'ha mai fatto per le **sue** *aziende, per quelle che dovevano essere e restare produttive e non fallimentari come è purtroppo accaduto!*

Art. 47 *"La repubblica incoraggia e tutela il risparmio, in tutte le sue forme; disciplina, coordina e controlla l'esercizio del credito."*

Quando? Come? Ma non è spudoratamente dalla parte delle Banche? Come tutela il risparmio se tartassa i cittadini assai più degli altri Paesi dell'Unione Europea?

Se consente, e lo ha fatto, alle Agenzie delle Entrate di praticare **interessi da usurai**? *Se si rende responsabile delle elargizioni* di ricchissimi stipendi, laute buonuscite e pensioni d'oro a dei Privilegiati ed alle Caste costituzionalmente protette?

Ma a chi si riferisce questo articolo? A **chi?** A degli alieni o a dei Marziani?

Ma non sono le Istituzioni a **sprecare** ingenti somme di denaro pubblico che avrebbe potuto costituire reddito pei Cittadini da cui forse sarebbe potuto derivare il risparmio?

"Favorisce l'accesso del risparmio popolare alla proprietà dell'abitazione, alla proprietà diretta coltivatrice e al diretto e indiretto investimento azionario nei grandi complessi produttivi del paese."

Come, quando e con quali mezzi la repubblica ha favorito e favorisce tutti questi sogni favolosi?

Finora, ha messo tasse sulla **prima** abitazione, quella che è costata alla stragrande maggioranza dei Cittadini italiani anni ed **anni di sacrifici** durante i quali hanno rinunciato a ferie, viaggi, o anche solo ad una pizza al ristorante.

Allo Stato mancano i fondi per i servizi essenziali. Invece di prenderli dai fondi sottratti allo Stato dai Partiti, invece di eliminare gli Enti inutili, gli sprechi enormi e i privilegi alle Caste, *lo Stato che è forte con i deboli e deboli con i poteri forti che fa? Li sottrae* **ai Cittadini** *e poi dice che incoraggia e tutela i loro risparmi!*

Per me, cari nipoti, la Repubblica deve prima dare sicurezza e lavoro ai Cittadini e poi stipendi, onori e salamelecchi a tutti gli altri. Battetevi per questa **unica** *priorità!*

Art. **48** *"Sono elettori tutti i cittadini, uomini e donne, che hanno raggiunto la maggiore età..."*

Sarebbe bastato dire: "tutti i Cittadini maggiorenni."

"Il voto è personale ed eguale, libero e segreto. Il suo esercizio è un **dovere civico***"*

Modifica: è solamente un **diritto che, chiunque lo voglia, può esercitare. Chi si astiene o vota scheda bianca, esercita un suo diritto.**

Si contano i voti **non espressi***, le schede bianche e quelle che contengono errori di forma o frasi "***non ripetibili***" e, dato che hanno* **lo stesso valore** *di chi fa una diversa scelta,* **debbono poter significare** *una cosa sola: si eleggono* **meno** *deputati, meno consiglieri, meno direttori generali,* **meno** *parassiti con un notevole* **risparmio** *per le casse dello Stato.*

"Il diritto di voto non può essere limitato se non per incapacità civile o per effetto di sentenza penale irrevocabile o <u>nei casi di indegnità morale</u> indicati dalla legge"

Il comma va abolito perchè la legge **non deve occuparsi mai dell'indegnità o dignità morale dei Cittadini**, né può <u>togliere ad alcuno i suoi diritti. Può farlo con evasori e ladri.</u>

Art. **49** *"Tutti i Cittadini hanno diritto di associarsi liberamente in partiti* **per** *concorrere con metodo democratico a determinare la politica nazionale"*

Perchè non è stata prevista, in Costituzione, una gamma di scelte alternative per determinare la politica nazionale?

E poi, perché non è stato detto che cosa sono i Partiti e quali sono le loro funzioni? perché non si è sancito che i **partiti non possono avere prerogative e privilegi che mancano ai Cittadini comuni?** *perché non si è specificato che i partiti che vincono le elezioni hanno il dovere di governare e gli altri che costituiscono* **l'opposizione** *devono obbligatoriamente* **collaborare** *con chi ha vinto?*

L'ideale sarebbe avere due soli Partiti o due sole coalizioni, in gara tra loro, ma è importante realizzare le cose che ho scritto per il bene dei Cittadini e del Paese.

Inoltre, perché non si è dato **ai Cittadini il potere di mandare a casa** *i governanti a qualsiasi livello,* **disonesti, ignoranti, incompetenti** *e sprecomi, nel momento in cui viene evidenziata la disonestà e l'incompetenza? Forse che sarebbe impossibile esercitare questa facoltà ogni anno al momento della dichiarazione dei redditi? perché il Cittadino che elegge i suoi rappresentanti* **deve contare di meno** *di coloro che li rappresentano? Perché gli eletti approvano delle leggi che sono contrarie agli interessi degli elettori? perché i partiti non devono avere dei Bilanci controllati da Organi imparziali e terzi?*

Art. **50** *"Tutti i Cittadini possono rivolgere petizioni alle Camere per chiedere provvedimenti legislativi o esporre comuni necessità."*

Perchè non sono le Camere ad occuparsi *a tempo pieno delle necessità del Cittadino Sovrano e prendere provvedimenti adeguati? Forse che non sanno che ad ogni persona occorre un lavoro, un luogo dove abitare, un'istruzione adeguata e* *delle strutture per mantenerla in salute o curarla ed assisterla in caso di necessità?*

Art. **51** *"Tutti i cittadini" (senza distinzione di sesso) possono accedere agli uffici pubblici e alle cariche elettive in condizioni di eguaglianza, secondo i requisiti stabiliti dalla legge. A tale fine, la Repubblica promuove con appositi provvedimenti,* **le pari opportunità** *tra donne e uomini." I requisiti dovevano essere indicati subito con poche parole:* **onestà, competenza, titolo di studio adeguato e voglia di fare.** *Gli eletti poi debbono rispondere come tutti i Cittadini fanno, penalmente e civilmente, del loro operato.*

"La legge può, per l'ammissione ai pubblici uffici e alle cariche elettive, parificare ai Cittadini gli italiani non appartenenti alla Repubblica."

A mio modo di vedere, cari nipoti, gli Italiani che non appartengono alla Repubblica, non devono essere ammessi né agli uffici pubblici né alle cariche elettive.

"Chi è chiamato a funzioni pubbliche, ha **diritto** *di disporre del tempo necessario al loro adempimento e di conservare il suo posto di lavoro."*

Modificatelo in questo modo: "ha il **dovere** *di dedicare il tempo necessario al loro adempimento, ha il diritto di conservare il suo posto di lavoro ma senza scatti di anzianità o altri privilegi."*

Art. **52** *"La difesa della Patria è sacro dovere del* **Cittadino***. Il servizio militare è obbligatorio..."*

Modifiche: Come si è già stabilito con legge del Parlamento il servizio militare è affidato esclusivamente a dei "volontari" che devono essere **addestrati da chi è più esperto di loro** *e pagati adeguatamente dopo aver superato degli stages formativi, test attitudinali e visite specialistiche. L'ultimo comma è implicito.*

In tempo di pace però*, le forze armate* **devono** *costituire il* **nucleo** *principale della* **Protezione** *Civile, adeguatamente equipaggiata e pronta ad ogni evenienza. Devono poter* **intervenire** *nei casi di terremoti, alluvioni, frane, incendi, assieme ai Pompieri e ci deve essere piena coordinazione tra le varie strutture ed un'unica centrale di comando. (La gente impreparata, anche se generosa, deve restarsene a casa). Infine, devono essere schierati per il* **controllo della criminalità** *organizzata e per la sicurezza dei Cittadini.*

Art. 53 *"Tutti sono tenuti a concorrere alle spese pubbliche in ragione della loro capacità contributiva. Il sistema tributario è informato a* **criteri di progressività.***"*

Aggiunte e modifiche: Le spese pubbliche devono essere oculate, **mai folli,** *garantite nei bilanci!*

I **Responsabili***, tutti coloro cioè che decidono spese incongrue, sono chiamati a risarcire "in parti uguali" i* **Cittadini** *ignari. Quanto al concorso nelle spese, sia chiaro che* **non si possono superare mai i limiti del 30% del reddito totale** *per i lavoratori, i pensionati, i dipendenti pubblici e privati. La progressività può valere* **solo** *per i Dirigenti le Società, gli Imprenditori, i "Papaveri", a cominciare dal* **Capo dello Stato,** *che hanno un reddito di gran lunga superiore a quello delle categorie indicate.*

Art. 54 *"Tutti i cittadini hanno il dovere di essere fedeli alla Repubblica e di osservare la Costituzione e le leggi"*

Modifica: I Cittadini hanno il dovere di osservare la Costituzione e le leggi **giuste.** *La forma dello Stato può essere cambiata dai Cittadini almeno ogni 30 anni.*

*La **vera Costituzione** e le leggi non devono essere contrari agli* **interessi dei Cittadini** *e non devono ledere i loro* **diritti**. *Chi è garante della Costituzione,* **e non lo fa**, *ne risponde in qualunque momento al Popolo Sovrano.*

I Cittadini che rilevano **le ingiustizie contenute nella** *Carta devono poterle cancellare con un referendum senza ostacoli da parte* **di Nessuno! Deve essere un loro diritto, riconosciuto nella Carta!**

"I Cittadini cui sono affidate funzioni pubbliche hanno il dovere di adempierle con disciplina ed onore...

Modifica: Togliamo l'onore perché **è roba da Medioevo** *ed aggiungiamo:* **in tempi rapidi,** *pochi giorni appena, e tanta* **competenza e garbo.** *Possono risparmiarsi il giuramento perché non dovrebbero aver bisogno di giurare per compiere bene il loro dovere! Basta la parola!*

Art. **56** *"La Camera dei deputati è eletta a suffragio universale e diretto. Il numero dei deputati è 630 di cui 12 eletti nella circoscrizione Estero.*

Modifica: Il numero dei deputati è di **315 in tutto.**

Per ogni elezione politica, devono valere alcuni principi fondamentali:

1) Candidati selezionati in base ai titoli di studio, esperienze lavorative o professionali, onestà, laicità. In Parlamento, non si va a fare una scampagnata con relativa abbuffata, ma per decidere delle vite e della sicurezza dei Cittadini.

2) Si deve sapere che si resta responsabili civilmente e penalmente dei danni procurati alla Comunità.

3) Gli stipendi sono decisi dai Cittadini a seconda delle possibilità economiche dello Stato, **quando si vota.**

4) Nessun privilegio per nessuno ma **soltanto i diritti** *di cui godono i Cittadini comuni e Sovrani!*

5) Pochissime liste **senza alcun rimborso.** *"Sono eleggibili tutti gli elettori che nel giorno delle elezioni hanno compiuto i 25 anni di età."*

Modifica: ***i 18 anni di età.*** *Agli eletti,* **non debbono** *essere affidati più di due mandati elettorali consecutivi. Ciò vale anche per i* **Capi.**

"La ripartizione dei Seggi tra le circoscrizioni....

Modifica: La ripartizione, per **Camera e Senato**, *si effettua in un modo diverso, prendendo in considerazione* **il numero degli Elettori e non degli Abitanti** *e stabilendo fin da subito che ci devono essere 50% di eletti uomini e 50% di donne. Al più presto, dovrà essere abolito il senato.*

Art. **57**" *Il numero dei Senatori elettivi è di 315 di cui 6....*
Modifica: Il numero dei Senatori eletti dal popolo, con funzioni diverse, è di **150 in tutto.**

Il Senato, fino a quando non sarà abolito, *si occupa a* **tempo pieno** *delle competenze delle Regioni e i* **Governatori"** *verranno scelti, dal Popolo Sovrano quando votano per la Camera dei Deputati. In Parlamento però, non si parla a vanvera, per ripicca o per ritardare le decisioni utili per i Cittadini. Né tantomeno si può leggere la Carta Costituzionale quando si deve discutere di un tema economico, sociale o politico. I tempi devono essere* **regolamentati e la Carta va applicata, non letta.**

Art. **59** *"E'senatore di diritto e a vita."* **Modifica:** *La nuova* **Carta, non prevede** *senatori a vita e* **nessuna** *facoltà per* **nessuno** *di nominare qualcuno, a spese dei Cittadini!*

Art. **60** *"La camera dei deputati ed il senato sono eletti per 5 anni. La durata non può essere prorogata per legge e in tempo di guerra." Modifica: la durata non può essere modificata da nessuno mai!.*

Art. **61***" Le elezioni delle nuove Camere hanno luogo entro 70 giorni dalla fine delle precedenti. Modifica: entro* **trenta giorni.** *"Finché non siano riunite le nuove camere, sono prorogati i "***poteri***" delle precedenti." Si corregga:* **le funzioni.**

Art. **62** *"Le Camere si riuniscono di diritto il primo giorno non festivo di febbraio e di ottobre."*

Modifica: *Si riuniscono quando lo stabilisce il Presidente della Camera, d'accordo con i Capigruppo dei partiti e* **in caso di Repubblica presidenziale, dal Capo dello Stato. In ogni momento,** *quando lo stabilisce il Popolo Sovrano.*

Art. **63** *"Ciascuna camera elegge fra i suoi componenti il Presidente e l'ufficio di presidenza." Modifica: ci sarà una sola camera, ed il presidente e l'ufficio di presidenza non devono avere privilegi di nessun genere. Il personale deve essere efficiente, competente e assunto per pubblico concorso. Gli scatti, le* *indennità, gli stipendi, sono quelli degli impiegati di altri uffici pubblici. Ogni privilegio non previsto dalla Carta, è nullo!*

"Quando il Parlamento si riunisce in seduta comune, il Presidente e l'ufficio di presidenza sono quelli della Camera dei Deputati."

Modifica: *Tutto ciò, nel caso in cui venga abolito il Senato, altrimenti a* **turno** *con quelli della Camera dei Senatori.*

Art. **64** *"Ciascuna camera adotta il proprio regolamento, a maggioranza assoluta dei suoi componenti. Le sedute sono pubbliche; tuttavia, ciascuna delle camere ed il Parlamento possono adunarsi in seduta segreta."*

Modifica: *Le sedute devono essere* **sempre** *pubbliche. I* **Cittadini** *devono essere al corrente dei regolamenti vigenti e delle eventuali* **modifiche** *adottate e devono poter* **controllare i bilanci delle Camere e le spese deliberate dai loro Presidenti. Abolito il senato, solo quelli dell'unica Camera.**

"Le deliberazioni non sono valide se non è presente la maggioranza dei componenti e se non sono adottate a maggioranza dei presenti salvo che la Costituzione prescriva una maggioranza speciale."

Modifica: Sono valide **qualunque sia il numero** dei componenti e qualunque sia la maggioranza. La frequenza dei deputati, è obbligatoria. **Siamo spiacenti per chi non fa il suo dovere o non può farlo!**

"I membri del Governo hanno <u>diritto</u> e se richiesti <u>obbligo</u> di assistere alle sedute."

Modifica: Hanno il <u>diritto</u> di assistere.

Art. 65 "La legge determina i casi di ineleggibilità e di incompatibilità con l'ufficio di deputato o di senatore."

Modifica: Si stabilisce che è incompatibile con l'ufficio di deputato o di qualunque altro rappresentante delle Istituzioni **colui che** è stato condannato, per qualsiasi serio motivo, **in maniera definitiva.**

"Nessuno può appartenere contemporaneamente alle due camere."

Osservazione: a meno che non abbia il dono della ubiquità, ma dato che non è così, il comma va abolito!

Art. 66 "Ciascuna camera giudica dei titoli di ammissione dei suoi componenti e delle cause sopraggiunte di ineleggibilità e di incompatibilità" I titoli che devono avere i candidati alle elezioni *politiche e le eventuali cause di ineleggibilità ed incompatibilità vanno valutati* **prima** *delle elezioni e* **non dopo**.

Art. **67** *"Ogni membro del Parlamento* **rappresenta la Nazione** *ed esercita le sue funzioni senza vincolo di mandato"* **Modifiche:** *Esercita le sue funzioni* **restando fedele al mandato ricevuto.** *Se è stato eletto dagli elettori* **di un partito**, *non può in quella legislatura* **votare contro** *le delibere di quel partito. In caso contrario, ha l'obbligo di dimettersi immediatamente.* **Deve possedere un titolo di studio, minimo una laurea, sudata e** *non comprata! Inoltre, non rappresenta affatto la Nazione* **ma il Partito** *in cui è stato eletto. Rappresentante della Nazione, è il capo dello Stato e nei casi in cui partecipa a riunioni internazionali, il Capo del governo.*

Art. **68** *"I membri del Parlamento non possono essere chiamati a rispondere delle opinioni espresse e dei voti dati nell'esercizio delle loro funzioni." Aggiunta:* **A meno che il voto irresponsabile non produca danni ai Cittadini.**

"Senza autorizzazione della Camera di appartenenza, nessun deputato può essere sottoposto a **perquisizione o arrestato** *salvo che..."*

Modifiche opportune e valide *per tutti i commi dell'articolo:*

"Un membro del Parlamento, **così come il Cittadino,** *può essere* **privato della sua libertà** *soltanto* **dopo** *una sentenza* **definitiva** *di condanna o* **in flagranza** *di reato. E inoltre, se il reato commesso prevede il carcere e non una pena alternativa. Per il Parlamentare, così come per il Cittadino,* **le intercettazioni** *in qualsiasi forma ed il* **sequestro** *della corrispondenza* **devono essere autorizzate dal Parlamento, previste per legge.**

Sarà evidente così, che il Cittadino ed i suoi rappresentanti in Parlamento godono degli identici diritti, senza privilegi!

Finora, le intercettazioni fatte, non sono servite a scoprire i **corrotti e le corruttele.** *E'evidente che bisogna cambiare strategia. Il Parlamento deve fare di più, escogitando mezzi più idonei per scovarli!*

Il cittadino delinquente abituale o l'indiziato di un grave reato, può essere intercettato ma **quelle intercettazioni** *devono restare segrete fino a quando non si faranno i processi. In caso contrario, esse* **saranno nulle** *a tutti gli effetti!*

Art. **69** *"I membri del parlamento ricevono una indennità stabilita per legge"*

Modifica: *una indennità* **stabilita dal Popolo Sovrano** *nel momento in cui elegge i deputati. Nella scheda elettorale ci sarà* **un riquadro** *dove è indicata, a seconda del periodo delle elezioni e del tipo di elezioni* **la cifra dell'indennità** *parlamentare. Esempio: Per un elezione di legislatura, in periodi di* **vacche magre***, bisognerà barrare il riquadro con la scritta* **4000** *Euro; in periodi di* **vacche grasse***, il riquadro con la scritta* **5000** *Euro. L'indennità non può aumentare se non per scatti di anzianità o di funzione assicurate anche ai Cittadini comuni e deve essere ridotta adeguatamente se il deputato non compie le sue funzioni.* **Nessun rimborso elettorale o finanziamento pubblico** *per i Partiti, in qualunque periodo e in nessuna forma. Lo ha stabilito* **un Referendum popolare ufficialmente convalidato!** *Su di esso, con* **una penna**

fornita dal presidente di seggio, si dovrà apporre una croce o un segno inequivocabile.

Nessun' altra indennità pubblica può essere deliberata dalla Camera che possa essere considerato un **privilegio** rispetto al comune Cittadino.

Art. 70 "La funzione legislativa è esercitata collettivamente dalle due camere."

Modifica: *La funzione legislativa è esercitata esclusivamente dalla* **Camera dei deputati** *che stabilisce contestualmente le pene per chi non osserva la legge.* **Nessun giudice deve avere la facoltà di interpretare** *la legge perchè* **deve applicarla soltanto,** *altrimenti si determinerebbe* <u>disparità di trattamento</u> *per i Cittadini residenti in* **Comuni** *diversi.*

La Camera, legiferando, deve prevedere tutte le situazioni possibili ed indicare **delle linee guida** *per i giudici che ad esse devono* **scrupolosamente attenersi.** *I giudici devono* **rispettare** *le leggi,* **non inventarle o modificarle!**

Art. 71 "L'iniziativa delle leggi appartiene al Governo, a ciascun membro delle camere e agli organi ed Enti ai quali sia conferita da legge costituzionale."

Modifica: L'iniziativa della legge appartiene al **Popolo Sovrano**, attraverso l'art.75 modificato, al **Parlamento**, al **Governo**, e alle Regioni nelle poche materie che saranno indicate quando sarà riscritto l'art. V° e a **nessun** altro. Non esistono **sentenze della magistratura** che diventano legge!

Art. 72 *"Ogni disegno di legge, presentato ad una camera è, secondo le norme del suo regolamento, esaminato da una commissione e poi dalla camera stessa, che l'approva articolo per articolo e con votazione finale."*

Modifica: Ogni disegno di legge, da qualsiasi parte provenga, è **vagliato** dalla **Corte Costituzionale o Consulta** secondo le modalità indicate nella riforma che la riguarda e poi dalla Camera dei **Deputati** che l'approva, con votazione finale.

"Il regolamento stabilisce procedimenti abbreviati per i disegni di legge dei quali è dichiarata l'urgenza."

Modifica: Il comma precedente ed il successivo sono **abrogati.**

"La procedura normale di esame e di approvazione diretta da parte della Camera, è sempre adottata per i disegni di legge in materia costituzionale ed elettorale e per quelli di delegazione legislativa, di autorizzazione a ratificare trattati internazionali, di

approvazione di bilanci e consultivi." Aggiungasi: **previo parere tecnico della Corte Costituzionale.**

Art. **73** *"Le leggi sono promulgate dal Presidente della Repubblica* **entro un mese dall'approvazione.**

Modifica: **entro tre giorni.**

"Se le camere, a maggioranza assoluta dei propri componenti, ne dichiarano l'urgenza, la legge è promulgata nel termine da essa stabilito." Questo comma è abolito perchè non esisteranno più leggi più urgenti di altre. Il regolamento della Camera dei deputati, dovrà prevedere una graduatoria delle leggi da approvare: in prima fila, quelle che riguardano le necessità dei Cittadini. Tutte dovranno essere pubblicate dopo la promulgazione ed entrano in vigore, per legge, **il giorno stesso dell'approvazione.**

Art. **74** *"Il presidente della Repubblica, prima di promulgare la legge, può con messaggio motivato alle camere, chiedere una nuova deliberazione."*

Modifica: *Il capo dello Stato* <u>*ha l'obbligo*</u> *di promulgare le leggi approvate dalla Camera dei Deputati e dal Popolo Sovrano attraverso i referendum.* (**art.75**). *Non deve avere alcun diritto di veto. Il comma successivo, quindi, è abolito.*

Art. 75 "E' indetto referendum popolare per deliberare la abrogazione, totale o parziale di una legge o di un atto avente valore di legge, quando lo richiedono 500 mila elettori o cinque consigli regionali."

Modifica: *Per deliberare* **sia l'abrogazione** *parziale o totale di una legge già in vigore,* **sia la promulgazione** *di una nuova legge di iniziativa popolare, è sufficiente che il referendum venga richiesto da 300.000 elettori.*

Pertanto, **la Corte Costituzionale non** *deve stabilire se i requisiti referendari* **siano** *o meno ammissibili, ma essa ha* <u>*il compito di suggerire al Popolo Sovrano la forma adatta e legalmente*</u> **ineccepibile** <u>*perchè il requisito proposto diventi ammissibile, ipso facto,*</u> **automaticamente.**

L'idea che esista un organo dello Stato che **non** *sia* **utile** *ai Cittadini Sovrani dello stesso Stato, non è accettabile.*

La *Politica deve riprendere il* **suo ruolo fondamentale e preminente nella vita dello Stato.**

Tutti gli Altri, devono collaborare con la Politica che decide <u>**da sola**</u> **le cose da fare, perché chi ne farà parte sarà sempre al di sopra di ogni sospetto. Se sgarra, sarà** giudicato dai Cittadini e poi, ben vengano le inchieste giudiziarie e le eventuali condanne. Ma anche i giudici dovranno essere diversi da quelli di oggi: cioè pienamente e sempre responsabili, competenti, "taciturni" come dicono i loro rappresentanti, sensibili ai bisogni dei Cittadini, imparziali per istituzione, al di sopra di ogni sospetto!

Cari nipoti e pronipoti, battetevi con tutte le vostre forze e vincerete! Sarò felice se saprò che Voi non attendete più Oracoli di nessun genere!

"Non è ammesso il referendum per le leggi tributarie e di bilancio, di amnistia ed indulto, di autorizzazione a ratificare trattati internazionali"

Modifica: Il referendum è **ammesso** per le leggi tributarie e di bilancio, perché i Cittadini **devono controllare** che lo Stato non effettui spese che non può sostenere e quindi deve essergli impedito di fare il passo più lungo della gamba, ed anche in materia di amnistia ed indulto perchè spetta ai Cittadini, se lo vogliono, **essere clementi** con altri Cittadini.

"Hanno diritto di partecipare al referendum tutti i Cittadini chiamati ad eleggere la camera dei deputati."

Modifica: *Tutti i cittadini che hanno compiuto i 18 anni.*

"La proposta soggetta a referendum è approvata se ha partecipato alla votazione la maggioranza degli aventi diritto e se è raggiunta la maggioranza dei voti validamente espressi. La legge determina le modalità di attuazione del referendum."

Modifica: *La proposta è approvata* **qualunque sia il numero dei partecipanti e dei voti espressi. Il Parlamento stabilisce, una volta per tutte, le regole valide per l'attuazione dei referendum.**

Art. 76 "L'esercizio della funzione legislativa non può essere delegato al governo se non con determinazione di principi e criteri direttivi e soltanto per tempo illimitato e per oggetti definiti." Va abolito.

Art. 77 "Il Governo non può, senza delegazione delle camere emanare decreti che abbiano valore di legge ordinaria."

Modifica: *senza delegazione della Camera dei Deputati. (Tutte le volte che si fa riferimento* **alla Camere***, deve intendersi:* **alla**

Camera dei Deputati.) *"I decreti perdono efficacia se* **non sono** *convertiti in legge entro 60 giorni."*

Modifica: *entro 30 giorni.*

L'Art. **78 "Le camere deliberano lo stato di guerra e conferiscono al Governo i poteri necessari."**

Modifica: Questa prerogativa è riservata al Popolo che la manifesta con un referendum straordinario e urgente.

Art. **79** *"L'amnistia e l'indulto sono concessi con legge deliberata a maggioranza dei due terzi dei componenti di ciascuna camera, in ogni suo articolo e nelle votazione finale. La legge stabilisce il termine per la loro applicazione.*

L'amnistia e l'indulto non possono applicarsi ai reati commessi successivamente alla presentazione del disegno di legge."

Modifica: *l'amnistia e l'indulto sono di competenza esclusiva* **dei Cittadini** *che decidono attraverso un referendum. Nella proposta, vengono indicati dettagliatamente i reati ed il termine per la loro applicazione. Sono esclusi i reati gravi come violenze, stupri, omicidi o tentati omicidi, tratte di minori, pedofilia e tutti i reati commessi successivamente alla presentazione della proposta.*

Art. 80 "Le camere autorizzano con legge la ratifica dei trattati internazionali che sono di natura politica o prevedono arbitrati o regolamenti giudiziari o importano variazioni del territorio od oneri alle finanze o modificazioni di legge". Modifica: I Cittadini debbono intervenire là dove esistano oneri finanziari **non coperti da introiti, entrate!**

Art. 81 "Le Camere approvano ogni anno i bilanci e il rendiconto consultivo presentati dal Governo. L'esercizio Provvisorio del bilancio non può essere concesso se non per legge e per periodi non superiori a 4 mesi. Con la legge di approvazione del bilancio non si possono stabilire nuovi tributi e nuove spese. **Ogni altra legge** *che comporti nuove o* **maggiori spese,** *deve indicare tassativamente i mezzi per farvi fronte."* **Modifica:** *La camera dei deputati approva i bilanci ed il rendiconto consultivo e così come fa ogni Cittadino di buon senso e con la testa sulle spalle,* **non** *può mai* **spendere** *più soldi di quanti ne abbia in cassa, né preventivarli. Se* **lo Stato è previdente, non solo a parole,** *non può* **scaricare** *sui Cittadini già nati, come Voi cari* **nipoti, né** *su quelli che non sono ancora nati, Voi, cari* *pronipoti*, i debiti *derivanti dalle* **Sue** *incapacità e dai* **suoi** *errori marchiani in* **campo economico e finanziario.**

Anzi, deve **premiare gli Onesti, deve trattarli meglio, facendo pagare loro meno tasse e concedendo, se avanzano soldi, premi in denaro. Tutti, hanno il diritto di sapere "prima"** *a quanto ammontano i debiti che* **Altri fanno** *per conto loro. Se sono eccessivi, non vanno pagati dai Cittadini ma da chi li ha deliberati,* **per legge, ed automaticamente.** *L'esercizio provvisorio del bilancio non può essere concesso mai.*

La legge che stabilisce la responsabilità dei funzionari dello Stato, dei suoi Rappresentanti a qualsiasi livello, deve colpire **coloro** *che dovrebbero vigilare e* **non vigilano**, *che non bloccano immediatamente chi fa il passo più lungo della gamba e che* **non sono mai chiamati in causa** *da nessuno perché "la Carta" non lo consente,* **non l'ha mai previsto.**

Art. 82 "Ciascuna Camera può disporre inchieste su materie di pubblico interesse."

Modifica: **Tocca ai** *Cittadini e non alla Camera dei deputati esprimersi e decidere su materie di pubblico interesse."*

"A tale scopo nomina fra i propri componenti una commissione formata, in modo da rispecchiare la proporzione dei vari gruppi. La commissione d'inchiesta procede alle indagini e agli esami con gli stessi poteri e le stesse limitazioni dell'autorità giudiziaria."
Questo comma va **abolito**, *appunto perché* **questo compito** *tocca ai Cittadini.*

Art. **83** *"Il presidente della repubblica è eletto dal Parlamento in seduta comune dei suoi membri."*

Modifica: E' eletto **dai Cittadini elettori** *che abbiano compiuto il 18° anno di età."*

I commi successivi vanno aboliti.

Nel caso di elezione operata dai Cittadini elettori, il presidente della Repubblica è automaticamente capo del Governo e la repubblica sarà quindi una **repubblica presidenziale.**

Art. **84** *"Può essere eletto Presidente della Repubblica ogni Cittadino che abbia compiuto 50 anni di età e goda dei diritti civili e politici. L'ufficio di Presidente della Repubblica è incompatibile con qualsiasi altra carica. L'assegno e la dotazione del Presidente sono determinati per legge."*

Modifica: L'*assegno e la dotazione* **devono essere stabiliti dai Cittadini quando vanno a votare per Lui.** Nella scheda elettorale ci sarà un **riquadro** per l'assegno con la scritta E. **5.000,** in periodi di **vacche magre** e di **7.000** in quelli di **vacche grasse. Meglio** sarebbe se la **carica** fosse **onorifica** e **gratuita.** Tutto deve essere adeguato, **proporzionato** a quanto riescono a" portare a casa" i **comuni Cittadini.** E questo, spetta ai Cittadini dirlo perché il Presidente, non è un <u>monarca assoluto, non è un padreterno</u>, ma un individuo **eletto dai Cittadini.**

***In verità,* anche quando veniva eletto dai deputati e dai rappresentanti delle Regioni, il presidente non era affatto un padreterno, ma un rappresentante degli Italiani.**

Solo la Carta gli ha dato prerogative incompatibili con un funzionario eletto, temporaneamente!

La *sua* **dotazione, deve sparire o essere ridotta, anno dopo anno, dai Cittadini dopo che hanno stabilito se lo Stato può affrontare questa spesa, non necessaria, o no.**

Stranamente, questo concetto elementare trova difficoltà ad essere compreso. Forse perché non si digerisce l'ingerenza dei Cittadini in **quisquiglie** *del genere?*
I Cittadini devono interferire, **"devono"**, *perché sono loro a pagare quegli emolumenti profumati!*
Sono loro <u>a subire</u> quando i governanti dicono che **non ci sono soldi** *per i servizi sociali, per la ricerca, per i disoccupati, i sottoccupati, i precari, o per i danni procurati dalle calamità naturali, alluvioni, terremoti, siccità, incendi, frane.* **Non ci sono soldi** *per le medicine gratuite, soldi per i bisogni essenziali della povera gente? I* **Governanti devono** *trovarli eliminando gli sprechi, intensificando la lotta contro la criminalità organizzata e* **scovando** *gli evasori,* **abolendo** *gli Enti inutili e* **tutti i privilegi** *delle Caste.*
Il Cittadino paga di tasca sua i viaggi che deve fare per motivi familiari, per motivi economici, per motivi sociali perché **è del tutto normale** *che* **Egli**, *nonostante sia il Cittadino che costituisce il Popolo Sovrano, metta mano al portafogli e* **riduca** *così il suo salario, il suo stipendio, la sua retribuzione.*

Se certe cose **non può permettersele,** *non le fa, ed insegna ai figli e nipoti a non farle!* **Analogamente** *dovrebbe agire un ministro, un deputato, il* **Capo dello Stato.** *Se invita a cena gli atleti azzurri, ad esempio, deve pagare con i soldi* **suoi, non con i nostri.** *Qualcuno mi dirà: "Ma Lui è il Capo, è il* **Presidente"!**

Risposta: **Ed io sono il Cittadino Sovrano di questa Repubblica! E voglio conoscere il bilancio del Quirinale perchè lo pago io. In Inghilterra, la regina Elisabetta non solo fornisce tutti i particolari del bilancio, ma lo fa certificare da un Istituto indipendente, la Kpmg.**

Vorrei sapere, da cittadino, **chi** *ha diritto all'appartamento di servizio,* **quante** *sono le autoblu,* **quanto** *costano i viaggi in Italia e le missioni all'estero,* **come** *funziona il trattamento pensionistico,* **quali** *sono le spese per il mantenimento del Palazzo. Napolitano, nel gennaio del 2007 ha deciso di render note "le fondamentali" scelte contenute nel bilancio Interno. Ma è poca cosa, lo dice Lui stesso: "Io vorrei aprire di più, ma sarebbe* **indelicato** *verso i predecessori diffondere dati che per il 2006 mi*

riguardano solo in parte e che per il passato erano stati blindati"
E per quale motivo? Perchè i Cittadini non devono sapere a quanto ammontano le spese del Quirinale che **loro** *stessi debbono pagare? E' un fatto che queste spese continuano a lievitare e sono esagerate. Pensate! Ci sono due ausiliari che come unico lavoro hanno quello di "controllare gli orologi a pendolo" Il numero del personale del Quirinale, militari esclusi, è di 1072 unità, uno più, uno meno. In Inghilterra,433!*
Gli artigiani impegnati nella manutenzione,59; in Inghilterra,15 e via discorrendo! Il costo medio annuo lordo di un dipendente del Quirinale è il doppio di quello dell'Inghilterra. Sappiate però che analoghi sprechi ci sono nel Palazzo del Governo e delle "due Camere" (con vista!)
Ma vogliamo finirla con queste vergogne? Rispondono che non si può, anzi, ci accusano di delegittimare le "nostre" Istituzioni! Per me, cari nipoti, questa gente non sa cosa significa meritarsi la legittimità!

Art. 85 *"Il presidente della Repubblica è eletto per 7 anni"*
Modifica: **per cinque anni.**

"**Trenta** *giorni prima che scada il termine, il presidente della* **Camera**..."

*Modifica: ....**Il Governo** indice le elezioni per il nuovo capo dello stato, entro **15** giorni dalla decadenza del precedente.*

*"Nel frattempo, sono prorogati **"i poteri"** del Presidente in carica."* **Modifica:** *Sono prorogate* **le funzioni** *del Capo dello Stato e lo confermano altri articoli della Carta.*

Art. 86 *"Le funzioni" (lo dice la Carta), del Presidente della Repubblica sono esercitate dal presidente del Senato, nei casi in cui non possa adempierle."* **Modificate così:**

Il compito di sostituire il capo dello Stato in casi di impedimenti fisici, psichici o di dimissioni, tocca al presidente della camera dei deputati...

Notate, cari nipoti, le contraddizioni della Carta. All'art. 85 parla di poteri del capo dello Stato, mentre agli art. 86- 88- 90-91 e nella prima disposizione transitoria, *si fa cenno alle sue "facoltà, attribuzioni,* **funzioni**".

Art. 87 "Il presidente della Repubblica è *il capo dello Stato e rappresenta l'unità nazionale. Può inviare messaggi alle Camere..."*

Precisazione: *Può inviare messaggi alla Camera ed ai Cittadini ma* **non può** *obbligare tutte le reti televisive statali a* **trasmetterli** *in contemporanea. Ci potrebbe essere anche* **un solo** *Cittadino, ed* **io sono uno di quelli***, che non vuole ascoltarlo, che vuole sintonizzarsi con programmi che lo interessano di più o vedere le* **sue** *trasmissioni preferite. Deve lasciare* **intatto** *questo* **diritto a tutti.**

Il Presidente, a mio modesto parere, **deve tacere** *su argomenti su cui è* **incompetente***. Non si acquista la competenza* **diventando** **P***residente o* **M***inistro o alto* **F***unzionario dello stato,* <u>automaticamente. No, non è così! Occorre studiare.</u>

Quindi, libertà per Lui di parlare su un solo canale della TV e libertà per i Cittadini di ascoltare altre cose!

Il Presidente deve osservare scrupolosamente i **suoi compiti** *e non inventarne degli altri, non deve fare politica! Lui deve stare* **al** *di sopra delle parti* **fino a quando** *c'è questa* **Carta. Figuriamoci quando la cambierete!**

"Indice le elezioni..." **Modifica:** *Se è anche capo del Governo, indice le elezioni della Nuova Camera e fissa la prima riunione.*

"Autorizza la presentazione alle Camere dei disegni di legge di iniziativa del Governo."

Modifica: *Presenta alla Camera dei Deputati i disegni di legge.*

"Promulga le leggi..." *Resta tutto il comma perché* **Lui,** *con le modifiche della Carta sarà il capo del Governo.*

*"****Indice*** *il* ***referendum*** *popolare nei casi previsti dalla Costituzione"*

Aggiunta: Indice **i referendum,** *se lo richiedono"* **i Cittadini,** *almeno* **50** *Deputati o il* **Governo,** *cosa che può avvenire* **ogni tre anni** *o in concomitanza con altre elezioni.*

"Nomina nei casi indicati dalla legge, i funzionari dello Stato...

Modifica: *Il presidente* **non deve e non può nominare nessuno.**

Si fanno <u>*dei concorsi*</u> *pubblici, aperti a* **Tutti,** *si* <u>*eleggono*</u> *le persone che avrebbe dovuto nominare. E'più giusto così! Ci lamentiamo per le raccomandazioni le segnalazioni, i nepotismi, i* *favoritismi e lasciamo questa prerogativa che* **comunque fa apparire gli Altri** *più meritevoli, più adatti, solo* **perché scelti** *da Lui? I privilegi, le prerogative, caso mai, sono di competenza dei Cittadini!*

"Accredita e riceve i rappresentanti diplomatici, ratifica i trattati internazionali previa, quando occorra, l'autorizzazione delle camere."

Modificate così: Riceve i rappresentanti **di quei Paesi dove vengono rispettati i diritti dei Cittadini.**

Ratifica i trattati internazionali con **quei Paesi** *dove i* **Cittadini** *contano e sono rispettati. Con i* **Paesi esteri si parla solo di diritti, economia, arte e turismo.**

"Ha il comando delle forze armate, presiede il Consiglio di difesa, dichiara lo stato di guerra"

Si **modifica così: Non ha** *alcun comando di forze armate perchè non è competente. Presiede il consiglio supremo di difesa e basta.*

Sull'argomento guerra **è il Popolo** *a dire l'ultima parola, votando. "Presiede il consiglio superiore della magistratura."*

Modifica: *non presiede il CSM (il consiglio superiore della Magistratura) perché non ha niente a che fare con i giudici.* **"Può concedere grazia e commutare le pene."** *Questa prerogativa va abolita.* **Nessuno può stare al di sopra dei Cittadini né in una repubblica democratica, né in una repubblica presidenziale.**
"Conferisce le onorificenze della Repubblica"
Modifica: *Può citare i Cittadini italiani meritevoli nei vari campi della scienza, cultura, lavoro, arte, imprenditoria durante le sue comunicazioni ai Deputati,* **ma non conferisce niente.**
Mi viene in mente qualcosa che ho letto sui **Capi del mondo.**
"A decidere le sorti del mondo in cui viviamo, **è ora (1978),** *una manciata di uomini politici a cui, se li valutiamo in termini statistici di personalità, ambizioni, esibizionismo, insincerità, machiavellismo, efficienza cerebrale, condizioni di stress e semplice stupidità,* **Noi, comuni cittadini, non affideremmo nemmeno** *il compito di fare la spesa settimanale al mercato! (J.Cape)*
Secondo Voi, oggi è cambiato questo giudizio?
Secondo me, si può condividere pure oggi. In passato, era ancora

peggio. Gengis Khan, Ivan il terribile, Hitler, Stalin, Bokassa sono alcuni esemplari. Ma c'erano leaders che usavano forti dosi di farmaci che influiscono sulla mente e sulle decisioni prese per i Cittadini. E ce ne sono ancora oggi. **Cambiamo sistema!** *Diamo più importanza al Cittadino e vediamo dove si va a parare! Vi sembra populismo? Anche voi, cari nipoti e pronipoti, ne sentirete parlare. Rispondete che questo è il populismo di nonno Giuseppe! Quello che rivendica sempre* **efficienza, onestà, competenza** *e cose concrete. Non le hanno saputo fare i* **Grandi***? Adesso li facciano i* **Piccoli!** *Quelli che si possono guardare tutte le mattine allo specchio senza avere la voglia di sputarsi in faccia! E* **non rispondete** *a quelli che deridono il vostro populismo o si irritano e si scandalizzano senza ricordare che* **loro, sono stati peggiori perché volevano fare i Grandi ma erano dei nanetti che** *cercavano di giocare a fare i trasformisti, i guerrafondai e i finti Grandi!*

Art. 88 "Il presidente della Repubblica può, sentiti i loro presidenti, sciogliere le camere o anche una sola di esse.

Modifica: *In caso di sfiducia al Governo, tocca al presidente della Camera dei deputati, obbligatoriamente, indire nuove elezioni.*

Art. **89** *"Nessun atto del presidente della repubblica è valido <u>se non è controfirmato</u> dai Ministri proponenti, che ne assumono la responsabilità."* **Va abolito.** *Il capo dello Stato, il rappresentante della Nazione, non avrebbe dovuto e* **non può avere** *una* **limitazione** *del genere. Non è infatti né un minorenne, né un infermo di mente. Per il futuro, però, dovrà essere previsto un checkup completo per chi assume una carica del genere.*

"Gli atti che hanno valore legislativo e gli altri indicati dalla legge sono controfirmati anche dal Presidente del Consiglio dei Ministri." **Questo comma va abolito!**

Art. **90** **"Il presidente della repubblica non è responsabile degli atti compiuti nell'esercizio delle sue funzioni, tranne che per alto tradimento o per attentato alla Costituzione"!**

Modifica: *E' responsabile come tutti i Cittadini dello Stato. Fa parte di una Repubblica, non di una Monarchia. Tutti i privilegi sono aboliti per tutti e come ripete l'art.90,*
Lui svolge soltanto delle funzioni! I Prossimi presidenti, dovranno cambiare rotta e dovranno ascoltarVi perchè Voi bloccherete tutto, non pagherete le tasse, non li starete a sentire. Ancora non hanno compreso che se Loro hanno avuto, legalmente o no, tanti privilegi, **Voi ne vorrete qualcuno di più,** *perché avrete più voti, più consensi. Voi siete e sarete concreti, farete le cose che servono alla gente e* **spazzerete via** *i fronzoli, le parate, i* **cappelli** *da nababbi.*

La gente sarà tutta onesta, e i vari Presidenti, finito il loro **compitino**, *se ne andranno a casa in punta di piedi e senza promozioni. Finalmente, anche il Capo dello Stato sarà uguale agli altri Cittadini dello Stato. Avrà dei* **diritti ma non privilegi.** *Se si consulta un dizionario infatti, alla voce* **diritto** *c'è scritto che "è la facoltà legittima di fare o non fare una cosa, di disporne, esigerla o di impedirla." Il* **privilegio**, *invece, è un vantaggio particolare di cui gode qualcuno rispetto ad Altri. Un dono, un regalo, una mancia di cui* **solo Lui dispone, gli**

Altri, tutti gli Altri, no. La Carta non prevede simili, anacronistiche disparità di fronte alla legge. Non le può tollerare.

In caso di tradimento o di attentato alla Costituzione, **è responsabile ed** è messo in stato di accusa dal Popolo Sovrano, tramite il Parlamento.

Art. **91** *"Il presidente, prima di assumere* **le sue funzioni,** *si ribadisce,"* **funzioni"***, presta giuramento di fedeltà alla repubblica e di osservanza della Costituzione dinanzi al Parlamento."* **Modifica: Non giura su niente, ringrazia i Cittadini e fa il suo dovere, svolge le sue Funzioni.**

Art. **92** *"Il* **Governo** *della Repubblica è composto dal presidente del Consiglio e dei Ministri. Il presidente della Repubblica nomina il presidente del Consiglio dei ministri e su proposta di questo, i ministri."*

"Modifica: Il **governo della Repubblica** *è composto dal Capo dello Stato con funzioni di presidente del Consiglio e dai Ministri da lui nominati.*

Sono necessari, per un buon funzionamento del Governo della Nazione, i seguenti Ministeri: Interni, Esteri, Istruzione,

Economia e Finanze, Sanità e Benessere, Cultura e beni artistici, Ambiente e Agricoltura, Giustizia, Agricoltura e Commercio, Turismo e sport. In tutto, ci saranno perciò dieci Ministri, non uno di più: in nessun caso.

Art. 93 *"Il presidente del Consiglio dei Ministri e i ministri, prima di assumere le funzioni, prestano giuramento nelle mani del presidente della Repubblica."*

Modifica: *Il capo del Governo, a nome suo e a quello dei suoi ministri, dichiara fedeltà alla Costituzione quando si presenta in Parlamento per la fiducia.*

Art. 94 *"Il governo deve avere la fiducia delle due Camere. Ciascuna camera accorda o revoca la fiducia mediante mozione motivata e votata per appello nominale. Entro dieci giorni dalla sua formazione, il Governo si presenta alle camere per ottenerne la fiducia. Il voto contrario di una o entrambe le camere su una proposta del Governo, non importa obbligo di dimissioni e la mozione di sfiducia deve essere firmata da almeno un decimo dei componenti della camera e non può essere messa in discussione prima di tre giorni dalla sua presentazione."*

Modifica: *Il Governo deve avere la fiducia della Camera legislativa, quella dei Deputati, mediante mozione motivata e votata per appello nominale. Deve richiederla entro una settimana dalla sua formazione. L'eventuale mozione di sfiducia decisa dalla maggioranza più uno dei voti, va discussa subito.*
Se non ottiene la fiducia, il Governo ha l'obbligo di dimettersi. *Il capo del governo, dopo aver consultato le forze politiche rappresentate in Parlamento, indice nuove elezioni entro e non oltre il termine di una settimana. Ovviamente, è molto* **più logico** *che sia lo stesso capo del governo e non qualcun altro ad occuparsi di cose che concernono il funzionamento del governo! Ecco perchè è essenziale che la Repubblica Italiana sia "legalmente e* **non** *solo* **abusivamente***" una repubblica presidenziale!*
Art. **95" Il presidente del Consiglio dei ministri dirige** *la politica generale del Governo e ne è responsabile mantiene l'unità di indirizzo politico ed amministrativo, promuovendo e coordinando l'attività dei ministri. I ministri sono responsabili collegialmente degli atti del consiglio dei ministri e individualmente degli atti dei loro dicasteri. La legge provvede*

all'ordinamento della presidenza del Consiglio e determina il numero, le attribuzioni e l'organizzazione dei Ministeri." Si modifica così: **Il Capo dello Stato** *è eletto dal popolo e, come capo del Governo, dirige la politica generale e ne è* <u>responsabile, penalmente e civilmente.</u>

<u>I ministri sono responsabili collegialmente degli atti del Consiglio dei Ministri e individualmente degli atti dei loro dicasteri.</u> **Nomina dieci** *Ministri così come previsto dall'art.* **92** *adeguatamente modificato e li sostituisce* **se e quando** *si dimostrino non idonei alle loro funzioni.*

Art. **96** *"Il presidente del consiglio dei ministri ed i ministri, anche se cessati dalla carica, sono sottoposti, per i reati commessi nell'esercizio delle loro funzioni, alla giurisdizione ordinaria, previa autorizzazione delle camere secondo le norme stabilite con legge costituzionale."*

Modifica: *Il capo dello Stato con le funzioni di capo del Governo ed i Ministri, per i reati commessi nell'esercizio delle loro funzioni, ed accertati in maniera incontrovertibile, sono sottoposti alla giurisdizione ordinaria soltanto a fine mandato.*

Art. 97 "I pubblici uffici sono organizzati secondo disposizione di legge in modo che siano assicurati il buon andamento e l'imparzialità dell'amministrazione. Nell'ordinamento degli uffici sono determinate le sfere di competenza, le attribuzioni e le responsabilità proprie dei funzionari.

Agli impieghi nella pubblica amministrazione si accede mediante concorso, salvo i casi stabiliti dalla legge."

Modifica: *I pubblici Uffici sono organizzati dal Parlamento in modo che siano assicurati vantaggi certi per i Cittadini e* **l'imparzialità** *dell'amministrazione.*

Il Parlamento determina le sfere di competenza, le attribuzioni dei Funzionari e le responsabilità civili e penali dei Dirigenti. Agli impieghi nelle pubbliche amministrazioni ed alle funzioni dirigenziali si accede mediante concorso pubblico **sempre e senza alcuna eccezione.** *Si conferma quindi il principio* **dell'uguaglianza** *dei Dirigenti e dipendenti della P. A. con i* **Cittadini.**

Art. **98** *"I pubblici impiegati sono al servizio esclusivo della Nazione. Se sono membri del Parlamento, non possono conseguire promozioni se non per anzianità. Si possono con legge stabilire* *limitazioni al diritto d'iscriversi ai partiti politici per i magistrati, i militari di carriera in servizio attivo, i funzionari ed agenti di polizia, i rappresentanti diplomatici e consolari all'estero."*

Modifica: *I pubblici impiegati sono al servizio esclusivo della Nazione e dei* **Cittadini***. I membri del Parlamento possono fare "solo" i Parlamentari.*

Non possono *essere iscritti ai* **Partiti** *politici, né possono esprimere opinioni politiche, i Magistrati, i Militari di carriera in servizio attivo, i Funzionari ed Agenti di polizia, i Rappresentanti diplomatici e consolari. Il parlamento deve vigilare e stabilire sanzioni particolarmente severe contestualmente alla loro cancellazione dai Partiti.*

Questi Signori **non possono** *partecipare a competizioni elettorali* **di nessun tipo.**

Art. **99** *"Il consiglio nazionale dell'Economia e del Lavoro è composto, nei modi stabiliti dalla legge, di esperti e di rappresentanti delle categorie produttive, in misura che tenga conto della loro importanza numerica e qualitativa."*

Modifica: *Gli esperti vengono proposti dalle Categorie produttive o dai Partiti, in parti uguali, e vengono nominati dal*

Governo. Sono **responsabili** *civilmente e penalmente del loro operato e ricevono una indennità identica a quelli dei dirigenti degli Uffici pubblici.*

"E' organo di consulenza delle camere e del Governo per le materie e secondo e funzioni che gli sono attribuite dalla legge".

Modifica: *E' organo di consulenza della Camera dei deputati, del governo e* **dei Cittadini** *attraverso conferenze e dibattiti sulla Tv di Stato nelle materie che riguardano la economia ed il lavoro, effettuate in maniera comprensibile.*

Le **funzioni** *gli sono attribuite di volta in volta dal Parlamento.*

"Ha l'iniziativa legislativa e può contribuire alla elaborazione della legislazione economica e sociale secondo i principi ed entro i limiti stabiliti dalla legge".

Modifica: **Non ha** *alcuna iniziativa legislativa. Fornisce al Governo ed al Parlamento dei* **pareri autorevoli** *che possono essere accolti o respinti.*

Art. 100 "Il **Consiglio di Stato** *è organo di consulenza giuridico -amministrativa e di tutela della giustizia nella amministrazione."* **Modifica:** *I componenti, vengono nominati dal Parlamento che ne stabilisce le funzioni e le indennità.*

Sono poi **responsabili** *penalmente e civilmente delle consulenze e tutele mancate o eseguite senza la dovuta competenza ed efficienza.*

"La **Corte dei Conti** *esercita il controllo preventivo di legittimità sugli atti del Governo e anche quello successivo sulla gestione del bilancio dello Stato."*

Modifica: *Nella Carta riveduta e corretta, il controllo preventivo di legittimità spetta* **solamente alla Corte Costituzionale.** *Resta alla Corte dei Conti il controllo successivo sulla gestione del bilancio dello Stato. "Partecipa nei casi e nelle forme stabilite dalla legge, al controllo sulla gestione finanziaria degli* **Enti** *a cui lo Stato contribuisce in via ordinaria. Riferisce direttamente alle camere sul risultato del riscontro eseguito."*

I componenti della Corte dei Conti sono responsabili civilmente e penalmente dei mancati controlli o dei controlli **insufficienti o inadeguati.**

"La legge assicura l'indipendenza dei due istituti e dei loro componenti di fronte al Governo."

Modifica: Nessun **Istituto** può vantare indipendenza o privilegi che non siano goduti anche **dai Cittadini** che costituiscono il Popolo Sovrano.

Se lavorano per conto dello Stato,i componenti devono rispondere allo Stato che è composto dal Parlamento,dal Governo e dai Cittadini a cui tocca il compito di **controllare** i **controllori** e nei casi in cui i controlli non esistono o sono eseguiti in maniera incompleta e poco professionale,devono chiamare i **responsabili** a risponderne .Questo perchè, i Cittadini devono sapere quanto **costano** al Contribuente questi controlli e **se conviene** loro mantenerli nelle mani degli Organi che li eseguono **oppure no**. Insomma, questo Stato non può permettersi degli **Organi** su cui **non possa e debba** dire anche la sua.

Art. **101 "La Giustizia è amministrata in nome del Popolo."**

Aggiunta: E ciò non significa ripetere stancamente **formule e formulette di rito, no**, ma significa che **in ogni sentenza** deve essere amministrata **Giustizia**, devono essere rispettati in **"soli due gradi"** di giudizio i **diritti** del Popolo, cioè dei

Cittadini, con una professionalità indiscussa, senso di responsabilità ed equilibrio psicologico.

"I giudici sono soggetti soltanto alla legge."

Modifica: *I giudici hanno* **gli stessi** *diritti dei* **Cittadini** *e, come loro,* **nessun privilegio.** *Quindi, sono soggetti come i Cittadini alle leggi approvate dal Parlamento, dal Governo, dai Cittadini attraverso i referendum.* **Le leggi approvate dal Parlamento devono indicare i requisiti ed i compiti dei giudici che devono applicarle.**

a) Essere a disposizione dei Cittadini.

b) Essere terzi ed imparziali: sempre.

c) La quantità e la qualità del loro lavoro deve essere stabilita dal Ministero di Grazia e Giustizia da cui dipendono amministrativamente.

d) Devono applicare "le leggi", in tutte le preture e tribunali di Italia, nel modo esatto indicato dal Parlamento, ed applicare le "pene alternative al carcere" ivi contenute.

Vanno evitati gli abusi, i favoritismi, le illegalità e la Carta <u>non vuole</u> *che ciò accada. I giudici, quindi, hanno gli stessi diritti di tutti gli altri Cittadini e nessun privilegio.*

Cari pronipoti, siete Voi che dovete pretendere di più, Voi!.

Chi ha scritto la Carta, ha messo all'indice i Cittadini!

Sono sempre sospettati, sempre passibili di controlli, di inchieste, di indagini, anche per delle stupidaggini.

Loro sì, *tutti gli* **Altri** *no.*

Voi dovete chiedere **tutte le indennità possibili,** *valide solo per* **Voi.** *Indennità di* **accompagnamento** *quando andate ad accompagnare la vostra innamorata. Non si sa mai, con tanti delinquenti in giro! Dovete ottenere indennità da* **stress** *quando fate la fila alla posta o in ospedale, indennità* **ai germi** *grampositivi e gramnegativi tutte le volte che passate davanti a cumuli di immondizie, indennità* **per tutte le prediche** *che vi costringono ad ascoltare. Tutte queste cose capitano qui, a* **Noi,** *perché* **Loro hanno troppi poteri e privilegi. I loro sindacati aprono bocca** *quando* **noi Cittadini,** *pretendiamo chiarimenti, quando vogliamo esprimere il nostro punto di vista su questioni che riguardano la* **nostra** *libertà,* **la nostra** *salute psichica, i* **nostri** *interessi!*

Art. **102 "La funzione** *giurisdizionale è esercitata da magistrati ordinari istituiti e regolati dalle norme sull'ordinamento giudiziario."*

Osservazioni: Vediamo di intenderci. La funzione giurisdizionale **è quella che lo Stato esercita** *per garantire la corretta "applicazione" delle norme giuridiche vigenti mediante* **l'attività dei Giudici.**

Deve intendersi quindi: applicazione delle leggi e funzione cioè, compito, mansione attività da svolgere, non privilegi!

"Non possono essere istituiti giudici straordinari o giudici speciali."

Commento: *Perfettamente d'accordo ma possono e* **debbono** *essere istituite, presso gli organi giudiziari normali, sezioni specializzate per determinate materie per dare maggiori garanzie ai Cittadini. L'articolo 102 parla di possibilità e aggiunge:"*

anche con la partecipazione di cittadini idonei estranei alla magistratura."

Mi sta bene, ma questi Cittadini idonei estranei alla magistratura devono essere **scelti dal Parlamento** sulla base di criteri validi anche per la scelta di giudici idonei e cioè l'efficienza, la competenza, l'equilibrio e l'onestà.

Il fatto però che nella **Carta si parli di cittadini idonei e non si fa nemmeno un cenno all'idoneità dei giudici, mi insospettisce. Si suppone che lo siano! E in base a che cosa? Non si sa! Non si dice!**

"La legge regola i casi e le forme della partecipazione diretta del Popolo all'amministrazione della giustizia."

Modifica: Una legge del Parlamento stabilisce i casi, le modalità e l'indennità per coloro che partecipano alla Amministrazione della giustizia che accedono a quella **funzione** solo dopo **concorso pubblico.**

Art. **103** "**Il Consiglio di Stato** e gli altri organi di giustizia amministrativa hanno giurisdizione per la tutela nei confronti della pubblica amministrazione degli interessi legittimi e, in *particolari materie indicate dalla legge, anche dei diritti soggettivi.*

Correzione: *indicate dal* Parlamento.

La Corte dei Conti *ha giurisdizione nelle materie di contabilità pubblica e nelle altre specificate dalla legge."*

Modifica: dalle *leggi del Parlamento.*

"I tribunali militari, in tempo di guerra, hanno la giurisdizione stabilita dalla legge. In tempo di pace, hanno giurisdizione soltanto per i reati militari commessi da appartenenti alle forze armate." Commento: I tribunali militari vanno aboliti sia in guerra che in pace. Le funzioni di giudici, in tempo di guerra, sono delegate ai Generali comandanti competenti che valutano i reati commessi, irrogano pene alternative ed escludono sempre quella di morte.

Art. **104** *"La magistratura costituisce un ordine autonomo e indipendente da ogni altro potere...*

Modifica: *La magistratura, così come gli altri ordini professionali,* **non è** *né autonoma, né indipendente da ogni altro potere.* **Solamente il Popolo Sovrano lo è, e dove c'è già un Sovrano, non ce ne può essere un Altro!**

Per me, cari nipoti, questo è un arbitrio grave che dovrebbe essere sanzionato ora per allora ma ci accontentiamo del fatto che non sarà più tollerato dalla Carta che cambierete!
*Ancora sull'art.**104** che è un capolavoro di partigianeria!*
"**Il Consiglio superiore della Magistratura** *è presieduto dal Presidente della Repubblica*"
Modifica: Non può essere *presieduto dal Presidente della Repubblica per un semplice motivo di equità e giustizia che verrà spiegato in seguito. Lui è il* **"garante"** *delle Istituzioni.*
"*Ne fanno parte di diritto il 1°* **presidente** *e il procuratore generale della Corte di Cassazione. Gli altri componenti sono eletti per due terzi da tutti i magistrati ordinari tra gli appartenenti alle varie categorie ne per un terzo dal Parlamento in seduta comune tra professori ordinari di università in materie giuridiche ed avvocati dopo 15 anni di esercizio. Il consiglio elegge un vicepresidente fra i componenti designati dal Parlamento.*"
Tutti questi commi vanno aboliti con uno schiocco di dita!
I giudici, al di fuori della loro Funzione giurisdizionale, sono delle persone facenti parte di una categoria, un ordine, esattamente come

quello degli avvocati, dei medici, dei geometri, e quindi, possono scegliere Chi vogliono per costituire un sindacato, un organo che li rappresenti in qualche modo. Non possono coinvolgere il Capo dello Stato, né il Parlamento, né personaggi che non hanno niente a spartire con loro e che, per istituzione, devono garantire Tutti. E infine, non possono pretendere privilegi ed anomalie mostruose come quelle previste dagli art.104 e 105.

"I membri elettivi del Consiglio durano in carica 4 anni e non sono immediatamente rieleggibili. Non possono, finché sono in carica, essere iscritti negli albi professionali, né far parte del Parlamento o di un Consiglio regionale."

Modifica: *Tutto l'articolo va abolito perchè trattasi di privilegi e non diritti e perchè il Consiglio non serve a rendere più agevole ed efficace l'amministrazione della Giustizia.*

E' una questione del tutto privata. Riguarda solo i giudici. Devono cessare i privilegi! Le prerogative non devono esistere **per nessuno che non sia un Cittadino Sovrano.**

Art. **105**" *(lo scandalo di tutti gli articoli della Costituzione oltre a quelli già commentati n.84 e 90)* **"Spettano al CSM (consiglio superiore della magistratura) le** *assunzioni,* *le assegnazioni ed i trasferimenti, le promozioni ed i provvedimenti disciplinari nei riguardi dei magistrati."!*

E per quale motivo? Perché non potrebbero avere un Csm anche i medici, gli avvocati, i professori, i geometri, gli ingegneri? Se questo articolo non è affatto uno scandaloso arbitrio, di cui nessun Padre della Carta si è mai vergognato, **perché** *non potrebbero averlo tutte le categorie di lavoratori al servizio dello Stato?*

Non esiste al mondo un organo dello Stato, che esercita una funzione importante, ma non superiore a quella di Altri, che **avrebbe potuto permettersi il lusso** *di arruolare autonomamente come presidente, il Presidente della Repubblica, come vice presidente un Parlamentare eletto tra i componenti designati dal Parlamento!*

Modifica: *Anche l'art.105 va abolito perchè tutti i Funzionari dello Stato seguono le vie, comuni a tutti i Cittadini, per ciò che riguarda la loro assunzione, i trasferimenti, le promozioni ed i provvedimenti disciplinari.*

Art. **106**" *Le nomine dei magistrati hanno luogo per concorso. La legge sull'ordinamento giudiziario può ammettere la nomina, anche elettiva, di magistrati onorari per tutte le funzioni attribuite* *a singoli giudici. Su designazione del Csm possono essere chiamati all'ufficio di consiglieri di Cassazione, per meriti insigni, professori ordinari di università in materie giuridiche e avvocati che abbiano 15 anni di servizio e siano iscritti negli alibi speciali per le giurisdizioni superiori."*

Modifica: *Con parole chiare e limpide, si ribadisce solo che le nomine dei giudici hanno luogo per concorso con dei controlli pubblici, attraverso il Ministero di Grazia e Giustizia e di Associazioni di Cittadini costituite da professori universitari, competenti in psicologia, economia, e semplici operai ed imprenditori ed il* **resto** *dell'articolo* **va abolito!**

Art. **107** *"I magistrati sono inamovibili. Non possono essere dispensati o sospesi dal servizio né destinati ad altre sedi o funzioni" se non in seguito a decisione del Csm adottata o per i motivi e con le garanzie di difesa stabilita dell'ordina mento giudiziario o con il loro consenso."*

Commento: *Inamovibili? E per quale motivo, in Italia, dovrebbe succedere una cosa del genere? Chi sono costoro? Degli Alieni? E perché non dovrebbero essere sospesi dal servizio se non sono capaci? Se sono degli inetti? Se sono dei malati? E per quale* *motivo non potrebbero essere trasferiti ad altro ufficio o ad altra sede? Sono venuti dal Cielo, da Marte? Sono marziani o Funzionari di un* **Paese terrestre come l'Italia?** *Se ciò serve* **all'Amministrazione della Giustizia, giusta,** *questi signori* **devono** *essere trasferiti o rimossi,* **devono!!**

Cari nipoti e pronipoti, questa cosa dovrete spiegarla bene ai vostri amici, ai vostri figli, perché ogni privilegio e prerogativa sono **duri a morire.** *Nessuno di loro arrossisce per la vergogna, nessuno lo farà mai. Tocca a voi farglielo fare con le vostre "buone" maniere. Le mie ossa applaudiranno per la soddisfazione che mi darete e ci sarà baldoria, una movìda, anche sotto terra!*

Una decisione di un Consiglio superiore della magistratura, che come si è specificato è un fatto privato e per nulla utile al Paese Italia, <u>adottata o per i motivi e con le garanzie di difesa stabilite dall'ordinamento giudiziario,</u> **può stravolgere le leggi già in vigore per tutti i Cittadini** <u>*che non prevedono il loro consenso per eventuali sospensioni dal servizio o trasferimenti in sedi diverse?*</u>

<u>*"Il Ministro della giustizia ha facoltà di promuovere l'azione disciplinare"*</u>

E' una **presa** *per i fondelli! Gli diamo il contentino al rappresentante del Popolo, tanto,* **poi, decide il CSM!!**
Anche questo comma è tutto da abolire e va sostituito con:
Il **Popolo Sovrano** *decide cosa fare della gente* **incapace** *che amministra la Giustizia.*
*"I magistrati si distinguono tra loro soltanto per diversità di "***funzioni** *"Il pubblico ministero gode, (ripeto g o d e) delle garanzie stabilite nei suoi riguardi dalle" norme sull'ordinamento giudiziario."* **Aggiunta: che** *abbiamo giustamente* **modificato!** *Si torna a parlare, com'è giusto, di* **Funzioni,** *compiti e "non di* **poteri, né di privilegi**". *Quindi per i Giudici, valgono le stesse identiche regole che valgono per i Cittadini. Non solo! I giudici di prima nomina vanno adibiti "a funzioni di filtro" di cui si è parlato nelle pagine precedenti. Sia se ha scelto di fare il giudice sia il pubblico ministero, deve acquisire molta esperienza prima di essere destinato a compiti di responsabilità maggiori, esattamente come fanno gli apprendisti medici, avvocati, ingegneri, farmacisti, etc.* **Non** *si aumenta di grado con l'anzianità di servizio ma con i meriti acquisiti sul campo e che devono essere valutati da Organi dello Stato* **diversi**

da quello della Magistratura. **Non** si inventano le leggi ma **si applicano** così come le ha fatte il Parlamento. Insomma, si è al servizio esclusivo della giustizia e dei Cittadini.

Voi, cari nipoti, non accontentatevi come abbiamo fatto io, gli altri nonni ed i vostri bisnonni, insistete fino a quando com'è giusto, non l'avrete vinta in nome della Giustizia.

Nessuno deve "godere di garanzie" se non le **godono, ora, i Cittadini!**

Art. **108** "Le norme sull'ordinamento giudiziario e su ogni magistratura sono stabilite con legge. La legge assicura la indipendenza dei giudici delle giurisdizioni speciali, del pubblico ministero presso di esse, e degli estranei che partecipa no all'amministrazione della giustizia."

Modifica: Le norme su qualunque organo dello Stato vanno decise dal Parlamento e, come avviene per chiunque abbia responsabilità decisionali importanti per la vita dei Cittadini, sono già previste norme che **non impediscono** l'indipendenza del giudizio espresso in un processo e che sia il frutto di rispetto ed applicazione delle leggi esistenti. Ma **non si possono confondere** l'indipendenza di **giudizio** dalla indipendenza *dai* **controlli** *o dalle valutazioni di Terzi che ne hanno diritto, in uno Stato democratico e parlamentare.*

Nessuno può chiamarsi fuori **con un articolo** *scritto* **66** *anni fa! Ognuno di noi Cittadini, fa delle scelte che sono indipendenti da chiunque altro e* **siamo sereni ugualmente e non abbiamo privilegi.**

Art. **109** *"L'autorità dispone direttamente della polizia giudiziaria."*

Modifica: **Non** *deve disporre proprio di niente. Deve mettersi in contatto con i capi delle Forze dell'ordine per essere aiutato, da pari a pari, a svolgere, al meglio, le sue "Funzioni." Anche questo articolo, va abolito.*

Art. **110 "Ferme le competenze del Consiglio superiore della Magistratura,"** *spettano al Ministro della Giustizia, l'organizzazione ed il* **funzionamento** *dei servizi relativi alla giustizia."* Modifica: **Spettano al Ministro della Giustizia l'organizzazione ed il funzionamento dei servizi.** *Ciò comprende* **l'orario di lavoro dei giudici, l'organizzazione del** *personale, il loro trasferimento anche nelle sedi più disagiate, l'uso delle* strutture carcerarie, l'oculatezza nelle spese, **solo Lui** deve avere competenza su tutto ciò che riguarda l'Amministrazione della Giustizia. Pertanto, devono essere **nulle** le competenze del CSM su questa materia!

Art. **111" La giurisdizione si attua mediante il processo giusto regolato dalla Legge."**

Osservazioni: Chi stabilisce che il processo, quel determinato processo è giusto? Può mai farlo la stessa categoria di persone che fa i processi? No. E poi, cosa succede se un magistrato non fa un giusto processo per imperizia, negligenza, limitazioni psico-fisiche? Rimane forse al suo posto come adesso?

Non ci deve rimanere nemmeno un giorno di più.

Se ciò sarà fatto, le mie ossa scoppietteranno di entusiasmo e sarà immenso lo stridìo che faranno!

Quel giudice viene forse condannato? Ci rimette di tasca sua per questi errori? E'successo rarissimamente! **Deve succedere sempre,** per rispetto della Giustizia, come accade sempre per tutti i Cittadini che servono lo Stato e che vogliono giustizia! Un'altra chicca: "**Chi** stabilisce se un giudice di prima istanza può diventare un giudice di grado superiore?

La "Carta" dice che lo fa il consiglio superiore della magistratura, cioè gli stessi giudici. Non fateglielo fare **mai più!** *E' vero o non è vero che finora i giudici passano al grado superiore per anzianità di carriera?*
Chi può rimediare a queste autentiche storture? Gli stessi giudici?
No, nipoti cari, *questo non* **deve accadere** *mai.*
Voi, *opponetevi, insistete, cambiate le cose: così,* **si dileggia** *la giustizia!*
Dagli anni 50 si ripete che la giustizia **non va bene.** *Anzi, va malissimo! I giudici sono* **responsabili** *in qualche modo? Almeno per il 50%? Il 30%? Il 10%?*
Avete mai sentito **un** *giudice riconoscere di aver mai sbagliato, di essere in qualche modo (10,20,30 per cento) responsabile del fatto che* **la Giustizia italiana è una vergogna?**
Avete mai sentito **un P**rocuratore *di cassazione o altra* **Toga** *con l'ermellino, che mentre inaugura l'anno giudiziario* **riconosca che i Giudici hanno commesso degli errori,** *hanno* **sbagliato**, **equivocato** *una sentenza, un caso di loro esclusiva competenza? C'è mai stata una dichiarazione dei* **vari segretari** *del sindacato dei magistrati, dal 1950 ad oggi*

che abbia ammesso una colpa sia pur lieve da parte dei giudici? E il giudice si sia **scusato** *con i Cittadini o abbia riparato di tasca sua l'errore commesso?* **No.**

Se **lui sbaglia** *e non viene punito, perché* **il cittadino** *che sbaglia deve andare in galera e subire angherie* **prima e dopo?** *E troppe volte viene, alla fine di tutto il suo calvario dichiarato innocente? Che* **m'importa** *sapere che ho tre gradi di giudizio a mia disposizione per far riconoscere la mia innocenza? Io, Cittadino,* **soffro già** *per le attese,* **pago già per i riti** *snervanti, gli umori degli avvocati ed i loro* **onorari** *senza dubbio eccessivi, le "stranezze" dei giudici nei loro atteggiamenti verso di Noi,* **Io e non altri patisco per un sospetto,** *una querela di un attaccabrighe, un frustrato che si è sentito offeso.*

I **filtri!** *Ci devono essere dei filtri,* **prima**, *e non dopo,* **prima!** *Esaminando la Carta, considerando tutti i 139 articoli, c'è troppa sproporzione nei confronti dei* **Cittadini.** *Troppa!*

Risultano non punibili perchè irresponsabili,il Presidente della Repubblica,i **Giudici,** *di ogni ordine e grado,in misura minore i Deputati e i Senatori,i Rappresentanti del Popolo, gli* **Alti** *funzionari dello Stato,i vari 007 al servizio della sicurezza,in* *misura minore i vari capi e capetti delle Regioni,delle Province,dei Comuni,in misura ancora minore,gli Impiegati con Funzioni di vice dirigente, dirigente,etc. cioè tutti coloro che con le loro funzioni dovrebbero far migliorare le condizioni di vita dei Cittadini.*

Ma la Costituzione non doveva essere la bocca della verità, **la fonte dei diritti e dei doveri uguali per Tutti?**

Si può mai lasciare così com'è" una Carta" che trasuda ingiustizie da tutti i pori?

Gli articoli **111,112,113** *sono pieni di tante bellissime parole che nulla hanno a che fare con il processo giusto e con la giustizia.*

Sembra che si voglia proteggere il Cittadino con **la foglia di fico delle** *parole ma, di fatto,* **Lui** *è un piccolo numero nelle mani del pubblico ministero che in virtù dell'art.112, ha l'obbligo dell'azione penale. Così c'è scritto ma, di fatto,* **non potendo** *mandare avanti tutte le querele, tutte le denunce, "tutte le carte", è sempre* **il giudice** *che* **decide** *cosa spingere e cosa lasciare sedimentare nei cassetti, è* **Lui** *che fa il bello e il cattivo tempo della giustizia o dell'ingiustizia. E poi,* **Lui** *interpreta le leggi! Vi rendete conto? Non si limita ad applicarle, come sarebbe giusto ed auspicabile ma le interpreta secondo i* **suoi** *convincimenti, le*

sue *idee, le* **sue** *opinioni. Se una legge non gli pare "idonea", lui sa come fare per non applicarla. Ma dove siamo?*
Soltanto **il Parlamento** *deve dire se la legge è o non è* **idonea**, *quanta pena comminare, da un minimo ad un massimo,* **indicare** *le pene alternative al carcere. Esso, il Parlamento. Infatti, ha il potere di fare le leggi. Il giudice deve applicarle e basta! Invece, pare a tutti che il giudice sia diventato un monarca assoluto, subito dopo il capo dello Stato.*
Ma la cosa più grave è che nella nostra Costituzione non si parla mai di monarchia! Quindi, **ci sono degli** *usurpatori!*
Questa è una anomalia che dovrà essere sanata. Non importa quanti anni ci vorranno ma dovrà accadere, una buona volta!
Ricordate, cari nipoti: **due soli gradi di giudizio! Due soli!**
"Ogni processo si svolge nel contraddittorio delle parti, in condizioni di parità, davanti a un giudice terzo e imparziale La legge ne assicura la ragionevole durata."
Osservazioni: *Può mai essere imparziale quel giudice che* **ha e manifesta** *in pubblico delle idee politiche? Può essere mai imparziale,* **terzo,** *se deve giudicare, fare delle indagini, istruire*

*un processo **nei riguardi di** un Cittadino che ha idee politiche del tutto **opposte** alle sue, **stridenti** con le sue?*

*Potrà mai essere **sereno** nel suo giudizio? Ovviamente, no!*

*E perchè Lui **non** trema mai davanti ad un Giudice, se mai ci arriva da imputato o da sospettato, e un Cittadino comune **muore** di infarto?*

*Perchè Lui è sicuro di farla franca comunque. Il Cittadino invece, ha paura che il giudizio emesso **da quel Magistrato** possa metterlo nei guai **anche se innocente! E non l'accetta!***

*Quanto alla "**ragionevole** durata", c'è proprio da ridere! Se il Parlamento avesse indicato il tempo massimo, ultimo, improrogabile, pensate Voi che i giudici avrebbero impiegato anni per una causa civile? E se avesse stabilito che i Giudici erano responsabili civilmente e penalmente per questi ritardi, credete Voi che non sarebbero stati più celeri? Ve lo dico io: **Sì**. Se un ministro della Giustizia volesse sapere **quanto** lavoro svolge un Giudice, **in che** consiste questo lavoro, quanto tempo ci mette per una sentenza, aiutato sempre dagli **ottimi impiegati** dei tribunali e delle procure, pensate voi che, **in mancanza** di leggi che lo obblighino,**cambierebbe** qualcosa?Ci sarebbe una* risposta responsabile oppure una levata di scudi dei Sindacati con minaccia di scioperi,con dichiarazioni di fuoco perchè in quel modo per Loro si rischierebbe <u>la paralisi della Giustizia</u>?

Ma non sanno già da tempo che **la Giustizia, in Italia, è in stato di coma irreversibile** se non si prendono provvedimenti **subito?**

"La legge assicura che la persona accusata di un reato sia, nel più **breve tempo possibile**, informata **riservatamente** della natura e dei motivi dell'accusa elevata a suo carico.

Disponga del tempo e delle condizioni per preparare la sua difesa; abbia la facoltà, davanti al giudice, di interrogare o di far interrogare le persone che rendono dichiarazioni a **suo carico**, di ottenere la convocazione e l'interrogatorio di persone **a sua difesa** nelle stesse condizioni dell'accusa e l'acquisizione di ogni altro mezzo di prova a suo favore; sia assistita da un interprete se non comprende o non parla la lingua impiegata nel processo."

Osservazione: Questo articolo della Carta, **deve essere osservato sempre o solo quando, e se, lo vuole il magistrato?** Noi pensiamo che debba essere osservato scrupolosamente e senza alcuna eccezione. Qualcuno ci sa dire cosa

succede invece nel caso in cui un magistrato, una corte, dei magistrati, a qualunque livello, ascoltano le persone **a carico** di un imputato e non quelle **a sua difesa?**
Si **blocca** forse il processo come dovrebbe accadere? Si **caccia via** il giudice inosservante? Si può fare qualcosa subito per evitare un'ingiustizia? No, cari nipoti, **non si può fare niente.**
Il giudice va avanti lo stesso, compie una mostruosità, non paga niente e l'imputato, che potreste essere Voi, è in balia della malagiustizia!
Tutto ciò, con la nuova Carta, non può più accadere!
Vi sembra poi vero che la persona accusata venga informata nel più breve tempo possibile? **No.** Accade, purtroppo, e non si sa mai **Chi** denunciare, che **i Giornali,** per giorni e giorni **anticipino** qualcosa e solo *"**dopo*** tanto tempo" l'accusato riceva la comunicazione ufficiale di essere iscritto nel registro degli indagati. Non è nemmeno vero che la persona accusata venga informata <u>riservatamente della natura e dei motivi dell'accusa elevata a suo carico, no!</u>
Questo scempio della "Carta" che rende <u>tutti</u> i responsabili del rito giudiziario, **sempre e comunque innocenti,**

formalmente ineccepibili, **deve finire,** *deve finire al più presto,* **adesso!**

"*La legge regola i casi in cui la formazione della prova non ha luogo in contraddittorio per consenso dell'imputato o per accertata impossibilità di natura oggettiva o per effetto di provata condotta illecita.*"

Il Cittadino vuole *che sia il Parlamento a* **stabilire quei casi***, le* **impossibilità** *di natura oggettiva e le provate* **condotte illecite.**

"*Contro le sentenze e contro i* **provvedimenti** *sulla libertà personale, pronunciati dagli organi giurisdizionali ordinari o speciali, è sempre ammesso* **ricorso in Cassazione per violazione di legge.**

Osservazione: *La Cassazione* **deve** *intervenire* **gratuitamente** *e* **subito***, e* **non dopo** *che l'imputato, presunto innocente,* **ha scontato** *giorni e giorni di galera o di sofferenza, altrimenti non c'è* **alcuna giustizia!**

"*Contro le decisioni del Consiglio di Stato e della Corte dei Conti, il ricorso in Cassazione è ammesso per i soli motivi inerenti alla giurisdizione.*"

Modifica: Questi **motivi devono** *essere* **previsti ed elencati dal Parlamento,** *molto tempo* **prima** *che si possano applicare,* **prima!**

Art. **112** *"Il pubblico ministero ha* **l'obbligo** *di esercitare la azione penale."*

Modifica: *Da quanto spiegato prima, il P.M.* **deve** *esercitare l'azione penale* **solo in caso di reati gravi** *dettagliatamente specificati dal* **Parlamento.**

Art. **113** *"Contro gli atti della pubblica amministrazione è sempre ammessa la tutela giurisdizionale dei diritti e degli interessi legittimi dinanzi agli organi di giurisdizione ordinaria o amministrativa. Tale tutela giurisdizionale non può essere esclusa o limitata a particolari mezzi di impugnazione o per determinate categorie di atti. La legge determina quali organi di giurisdizione possono annullare gli atti della pubblica amministrazione nei casi e con gli effetti previsti dalla legge stessa."*

Va tutto bene a condizione che gli interventi **siano immediati** *e che le condizioni vengano* **stabilite dal Parlamento.**

Per quanto concerne il Titolo V°, **(artt. dal 114 al 133),** *osservo che qualcosa si comincia a fare, ma è troppo poco!* **Il fatto** è che se io, **Stato**, dico,affermo e dichiaro, **legiferando** in proposito, che **non sono più tollerate** le **spese pazze** perchè fatte col piede più lungo della gamba, né **sprechi di danaro pubblico,come** acquisti di macchinari che vengono lasciati marcire negli scantinati, o **i privilegi** di cui godono i Presidenti,i Dirigenti di Regioni,Province e Comuni, **e non stabilisco,** <u>contemporaneamente,</u> **sanzioni** <u>per i trasgressori di qualsiasi livello,compresi i</u> **Controllori** <u>che nulla hanno controllato, continuiamo a prenderci in giro e,noi Italiani, ci siamo stufati con queste storie!!!</u>

Ci sono questioni irrisolte da tempo perchè ognuno dei contendenti si richiama <u>alla Carta</u> e "Tutti, proprio Tutti" dicono di aver ragione o pretendono di averla! E continua l'assurdità **dei privilegi** delle Regioni a Statuto speciale, la possibilità che **tutte e 20** hanno di **aumentarsi spudoratamente** gli stipendi, il numero dei Dirigenti, il numero dei **dipendenti** che è arrivato alle stelle, nonostante i Controllori che non controllano!
Il fatto è,che non si è mai stabilito, **per legge** e chiaramente, che le spese <u>le devono pagare le Regioni e solo loro</u>,che **non devono** esistere"conflitti"tra Stato e Regioni,che il loro numero è

da diminuire,che le Province devono **scomparire** *tutte,che anche i Comuni,che operano a contatto con i Cittadini,devono essere efficienti, amministrando oculatamente il denaro pubblico,dando* <u>*soltanto i servizi irrinunciabili e non i fuochi pirotecnici o i*</u> *contributi alle squadre di calcio o alle Feste Paesane,sicuramente non necessarie! A dire il vero, i piccoli Comuni sono un'eccezione per quanto riguarda ruberie e sprechi e dovrebbero avere lunga vita!*

Quindi, il titolo V° della Costituzione è da riscrivere tutto.

Bisogna **togliere libertà di spesa incontrollata,** *imponendo* **Centri gestiti dallo Stato** *dove acquistare materiale sanitario o di cancelleria, ed osservando tutte le leggi già esistenti sul reclutamento di dirigenti e dipendenti, sul loro numero, sui titoli di studio e capacità professionali possedute. Bisogna infine indicare* **i responsabili penalmente e civilmente.**

Art.134 "La **Corte Costituzionale** *giudica: sulle controversie relative alla legittimità costituzionale delle leggi e degli atti aventi forza di legge, dello Stato e delle Regioni; sui conflitti di attribuzione tra i* **poteri** *dello Stato e su quelli tra lo Stato e le*

Regioni e tra le Regioni; sulle **accuse** promosse **contro il Presidente della Repubblica** *a norma della Costituzione."*
Diciamo subito che **se si accetta** *la modifica degli articoli che riguardano la Corte Costituzionale, questo articolo va abolito. Infatti,* **essa** *dovrebbe essere un* **Organo eccelso di consulenza legale per coloro che sono abilitati a legiferare: il Parlamento, il Governo e il popolo con i referendum abrogativi e propositivi previsti all'art.71, aggiornato e corretto.** *Essa deve indicare a priori, cioè prima dell'approvazione delle leggi e* **non dopo** *come le leggi in gestazione "si rendano inattaccabili." Deve indicare come si scrivono, come si presentano in Parlamento o nelle sedi opportune e se esse sono rispondenti alla volontà di chi le ha proposte.*

Non più scontri tra Poteri diversi, quindi! O per meglio dire tra Funzioni diverse non dovendo più esistere per legge nessun potere per nessun altro che non sia il Popolo ma solo delle funzioni da svolgere con onestà, competenza ed equilibrio!

Il Parlamento farà leggi chiare che indicheranno come **dovranno funzionare le Regioni.** *Queste osserveranno le leggi e non ci saranno conflitti con lo Stato né con altre Regioni. Non sarà limitata la loro autonomia, ma* **dovranno essere obbligate a fare spese che possono sostenere perchè non saranno pagate mai dallo Stato e ci saranno dei Responsabili che risponderanno penalmente e civilmente degli abusi commessi.**

I Cittadini, verranno **aiutati dalla Corte** *a proporre dei quesiti referendari* **ineccepibili** *che saranno accolti e approvati senza difficoltà. Ogni controversia cesserà per incanto.*

Art. 135 *"La Corte Costituzionale è composta di 15 giudici nominati per un terzo dal Presidente della Repubblica, per un terzo dal Parlamento in seduta comune e per un terzo dalle supreme magistrature ordinaria ed amministrative."*

Modifica: *Va bene il numero di 15 giudici. Non va bene la modalità di nomina. Devono essere* **Tutti** *eletti dal Popolo Sovrano in tempo di elezione e* **non più** *per 9* **ma per 5 anni,** *come tutti gli altri Personaggi che contano in Italia.*

E nessuno di loro può essere rieletto.

I giudici della Corte scelgono il **loro Presidente** *che rimane in carica un triennio, non può essere rieletto ed è responsabile, come gli altri, penalmente e civilmente. I due commi successivi, vanno aboliti.*

Art.136 "Quando la Corte dichiara l'illegittimità di una norma di legge o di atto avente forza di legge, la norma cessa di avere efficacia dal giorno successivo alla pubblicazione della decisione."

Osservazione: Intervenendo **prima** *della formazione delle leggi e degli atti aventi forza di legge, la Corte* **non potrà** *mai dichiarare nessuna* **illegittimità** *e* **non** *ci saranno* **attese** *inutili, non ci saranno* **conflitti** *ed i Cittadini, gli unici titolari della Sovranità popolare staranno meglio.*

Art.137 "Una legge costituzionale stabilisce le condizioni, le forme, i termini di proponibilità dei giudizi di legittimità **costituzionale** *e le garanzie di indipendenza dei Giudici della Corte"*

Osservazioni: *Con una legge del* **Parlamento** *dovrà essere stabilito che la* **Corte** *deve intervenire* **prima, che venga approvata una legge.** *Il Parlamento, il Governo, il Popolo sovrano* **chiedono un parere di legittimità**

costituzionale, la Corte fornisce in tempi rapidi, stabiliti per legge, questo parere, le leggi **si approvano e Nessuno potrà mai rimetterle in discussione.** I giudici della Corte avranno le stesse garanzie di indipendenza nel **formulare i giudizi,** esattamente come **gli altri giudici ed i Cittadini che svolgano compiti istituzionali.**
"Con legge ordinaria, sono stabilite le altre norme necessarie per la costituzione ed il funzionamento della **Corte.""**
Il comma finale è abolito.
Per ora, si applicheranno le norme esistenti. Quando il Parlamento **sancirà con una legge semplice e immediatamente esecutiva che gli art.134-135-136-137** che riguardano la Corte **sono nulli, si dovranno applicare gli articoli modificati.**
Si restituiscono al Popolo le sue **prerogative,** i suoi **poteri** che così diventano "gli unici legittimi" in una Repubblica in cui, la Sovranità appartiene al Popolo, che la esercita "in proprio", incondizionatamente e **senza limiti** perché, se ne avesse, non sarebbe Sovranità ma autentica e illegittima presa per i fondelli!

Art. **138** *"Le leggi di revisione della Costituzione e le altre leggi costituzionali sono adottate da ciascuna camera con due successive deliberazioni ad intervallo non minore di tre mesi e sono approvate a maggioranza assoluta dei componenti di ciascuna camera nella seconda votazione."*

Modifica: **Le leggi** *di cui si parla in questo articolo,* **sono adottate dalla Camera** *legislativa, cioè dei* **Deputati,** *con una* **sola deliberazione** *ed* **a maggioranza assoluta** *dei componenti presenti.*

"Le leggi stesse sono sottoposte a referendum popolare quando, entro tre mesi dalla loro pubblicazione, ne facciano domanda un quinto dei membri di una Camera o 500.000 elettori o cinque Consigli regionali. La legge sottoposta a referendum non è promulgata se non è approvata dalla maggioranza dei voti validi."

Modifica: Abbiamo già delineato agli art. **70** *e* **75** *tutte le* **novità ed i miglioramenti necessari** *perché la Carta funzioni* **bene** *e diventi un faro per i Cittadini.*

Tutto l'articolo 138 va modificato e quello esistente è nullo.

Si ribadisce che **la legge sottoposta a referendum viene promulgata anche se non è approvata dalla maggioranza dei voti validi.**
Tutti *i voti espressi dai* **Cittadini, "sono validi a prescindere".** *Chi* **non partecipa** *ai referendum, ha deciso così, perciò nulla da eccepire. Ma* **questo diritto** *espresso da* **alcuni,** *non può rendere inutile, "nulla", la* **partecipazione** *di* **tutti** *gli* **altri Cittadini** *che sono andati nelle sezioni elettorali ed* **hanno espresso** *liberamente* **il loro voto!**
Le leggi sono sottoposte a referendum popolare **quando ne facciano richiesta trecentomila Cittadini, almeno ogni tre anni.**
Dato che c'è stato **preventivamente** *l'avallo della Corte Costituzionale,* **sono valide per tutti a tutti gli effetti.**
Art.139 "Come si anticipava nelle pagine precedenti, **la Forma Repubblicana** *ed ogni* **singolo articolo** *della" Carta Costituzionale" rispettivamente,* **possono e debbono** *essere oggetto di revisione costituzionale quando lo decidano il Parlamento, il Governo o i Cittadini.*

Con buona pace dei cultori della **Forma e del cavillo**, *a scapito della* **Sostanza** *e degli* **Interessi veri** *dei Cittadini onesti!*

Un caro abbraccio.

Viva la Costituzione riveduta e corretta dal nonno Giuseppe De Leo

Finito di stampare
Nel mese di giugno 2014
© 2014 Irda Edizioni

Lulu Press
3101 Hillsborough St.
Raleigh, NC 27607 | U.S.A.

www.ingramcontent.com/pod-product-compliance
Lightning Source LLC
Chambersburg PA
CBHW060857170526
45158CB00001B/392